JN014745

日高由美子
Hidaka Yumiko

なんでも

図

絵心ゼロでもできる！
爆速アウトプット術

解

ダイヤモンド社

重視するのはスピード。伝わる図を瞬時に書く

本書でお伝えする**「なんでも図解」とは、自分の考えや打ち合わせの内容をその場で可視化するスキル**です。重視するのはスピード。「うまくてキレイな図」ではなく、「伝わる図」を瞬時に書き、その場で情報共有するのが目的です。

複雑なことをシンプルに、難しい内容をわかりやすく表現し、議論を活性化させる。「なんでも図解」は次のアクションに直結するアウトプットの技術です。**打ち合わせ、会議、アイデアブレスト、プレゼン、あらゆるシーンで大活躍**します。

丸と線が書ければ、必ずマスターできます

「図を書くなんて、自分には無理だ」。こんな声が聞こえてきそうです。でも大丈夫です。安心してください。丸と線が書ければ、必ずマスターできます。

そもそも、「なんでも図解」の目的は、情報をリアルタイムで共有し、その場の問題解決につなげること。「うまくてキレイな図」をじっくり書いていてはとても間に合いません。

必要なのは「丸」と「線」だけ。**うまい、へたは関係なし。**「伝わる図を瞬時に書く」ためのテクニックをすべてお伝えします。

「書いて伝える」、しかも最速で

私のキャリアは、化粧品会社の宣伝部での制作業務からスタートしました。その後メーカーのデザイン業務を経て、IT系プロダクションへ。

現在はアートディレクター（広告や web サイトなどのビジュアルデザインの責任者）として仕事をしています。

　宣伝制作の現場はタイトなプロジェクトが多く、**頭の中のイメージやアイデアをブレずに素早く伝えることが重要**でした。臨機応変に手を動かし、図解することで課題を明確にし、コミュニケーションをとる。可視化することで説得力も上がり、仕事もスムーズに進みました。

　転職を経て、意思決定者とダイレクトにプロジェクトを進める機会が増えると、さらに短時間での情報共有とアイデアの提示が求められました。「書いて伝える」、しかも最速で。**その場で考えを「見える」形にし、それをベースに話し合い、次の打ち手を考える。**このプロセスを経て、「聞きながら・考えながら」書くことが「スキル」として活かせる手応えを感じました。

「地獄のお絵描き道場」開催。4000人以上にスキルを伝授

　自分だけのスキルにするのはもったいない。社内のスタッフにもこの技術を伝えたいと思いました。最初は社内勉強会でしたが、社外からもご要望をいただき始めた「地獄のお絵描き道場」は、開催するたびにキャンセル待ちが出るワークショップになり、のべ4000人を超えるビジネスパーソンに「その場で書いて伝える」スキルを伝えてきました。仕事で実際に活かした受講者の声も届いています。

「説明が上手くなったと、上司から言われました」
「営業資料を検討するオンライン会議で、内容を書きながら共有したら、方向性がすぐ定まりました」
「ふだん議事録を読まない社員が、社内会議に興味を持ちました」
「新商品の開発で、ファン獲得の議論が行き詰まったときに、書きながらブレストをしたら、見過ごしていた問題点が見えました」

「なんでも図解」をうまく使えば、会議やグループワークの進行がスムーズに進むことがうかがえます。

デジタルツールの多様化、テレワークをはじめとした働き方改革、オンライン商談。**今、ビジネスのスピードは驚くほど加速**しています。「ゆっくり時間をかけてジワジワわかり合うミーティング」や「クライアントの課題を持ち帰り、数週間かけて作る完璧な企画書」はもはやナンセンス。**書いて見せれば話が進む。その場で図にして共有できれば、モヤモヤ・ザワザワがなくなります。**

「自分にはできない」。そんなあなたのための本です

本書は、図解に苦手意識がある方にも共感を持って読んでいただき、スキルアップできるよう、**先生と生徒の「対話形式」で進みます。**絵心ゼロの主人公が、先生の叱咤激励を受け、少しずつ「なんでも図解」を体得していきます。一緒にペンを持ち、「書く筋力」を鍛えましょう。

使うのは「丸」と「線」だけ（大事なことなので3回言いました）。

明日から、いえ今日から現場で使えます。「なんでも図解」を体得して、仕事に活かしてください。

なんでも図解

1 日目
「囲み」をマスター！
文字の羅列が一瞬で「図」に変わる

なんでも図解

2
日目

「矢印」をマスター！
関係性を瞬時に伝える飛び道具

なんでも図解

3
日目

「人」をマスター！
注目と理解を促す最強のアイコン

なんでも図解

4 日目 文章を読み、最速で作図する！

なんでも図解

5 日目 話を聞きながら図解するコツは「キーワード＋余白」

なんでも図解

6
日目

会議や打ち合わせでも
慌てず図解する

なんでも図解

7
日目

爆速で書け！
アウトプット地獄

本書の登場人物

田中 大
（だい）

食品メーカー　新規事業部所属
入社5年目にして異動するも戸惑う毎日。スピードが求められる中、素早くコンセンサスをとっていく先輩に圧倒され、自信喪失スパイラルに陥っている。できる先輩に追いつきたい、周囲に一目（いちもく）おかれたい、そして超短気な部長に認められたい。まずは、先輩の図解の技術をマスターしようと奮起する。

えんま先生

「その場で書いて見せれば話が早い！」をモットーとする「図解道場」の師範。書いて書いて書きまくれ！　そんなハードな指導がビジネスパーソンから高く評価されている。

僕の名前は田中 大。

　食品メーカーの総務部に配属されて5年。平和な毎日だったのに、ある日突然辞令が下りて、「新規事業部」に異動となった。机に向かって業務を淡々とこなしていた僕が新規事業部？　最初はドッキリかと思ったが本当だった。

　ずっと事務職をしていた僕にとって、この部署は目が回るほど忙しかった。ゆっくり座っている暇がないほどミーティングが繰り返され、勉強会やワークショップにも参加させられた。

　なんとかスプリントだの、ビジネスモデル・キャンバスだの、初めて聞く言葉が飛び交い、今までの平穏な日々が吹っ飛んでしまった。

　特に部長の攻撃が激しい。予期せぬタイミングで、突然、課題の矢が飛んでくる。その場では思うように答えが出ずに持ち帰り、必死に3案考えて提出しても「根本が違う！」と一蹴される。

　完璧に仕上げたつもりのスライドが、「専門用語の羅列だ！　わかりにくい！」とダメ出しされる。

　ああ、古巣に帰りたい。

　ミーティングの最中に遠い目をしていた僕は、ハッとして焦点を合わせた。

　先輩が、みんなの話をササッとホワイトボードに書いて図にするのを目の当たりにしたからだ。

　「おっしゃっているのはこういうことですか？」と書きながら確認したり、「今の話ですと、メリットは3つですね」とその場の意見を聞きながら瞬時に書き出したりしている。

　あの部長でさえも、先輩が書き出す図を指さしながら、「ああ、そうそう！」とうなずく。その場にいたメンバーからも「あ、イメージでき

る！」「それならこれはどうかな？」と、いろんな意見が出てきた。２時間かかると思っていた会議が１時間もしないうちに終わった。

あるとき、先輩は僕に Uber Eats のビジネスモデルを教えてくれた。文章だと理解しにくいことを、丸や線でどんどん書き出す。そうして完成した図はとにかくわかりやすかった。

文章より「図」のほうが圧倒的にわかりやすい

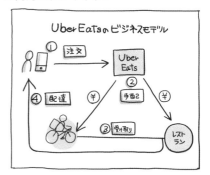

その場で図にすれば、一瞬で伝わる。

その場で確認すれば、勘違いもなくなる。

先輩に、おそるおそる聞いてみた。

「どうやったら、そんなふうにササッと図にできるんですか？」

すると、先輩は「実はな……」と、ある場所を教えてくれた。

「誰にも言うなよ……ちょっとキツイけどな。お前もすぐ書けるようになる」

キツイ？　それってどういうことなんだろう。

でも、あの「一瞬で図にする」スキルを手に入れて、部長に「お前、なかなかやるな」と言わせたい。あの悶々とした時間をなくしたい。

覚悟を決めよう。

僕は、恐る恐るその扉をノックした。

その場で書いて黙らせろ！

 ようこそ、田中くん！　これから君に伝えるのは「なんでも図解」というスキルだ。

 なんでも図解？　なんですか、それ？

 打ち合わせ内容や頭の中の考えを、その場でさっと図にして、相手に見せるスキルだ。

 ぼ、僕、絵心ゼロですよ……？

 問題ない！　**丸と線が書ければいい！**

 でも、僕は学生時代、図画工作が10段階評価の「2」で、絵を描くのが苦手です。小学校の頃、「ゴリラ」を描いたつもりが「へえ、ゴジラか！　思いつかなかったなあ」と言われたり、飼い犬の絵を描いたら「かわいい猫ですね」とほめられたり……。黒い思い出があるんです。

 うむ、そういう何気ないひと言が邪魔をして、いつしか描くことに苦手意識が生まれ、アウトプットが言葉だけになる人も多い。でもちょっと考えてみてほしい。君は5歳の頃、どんな絵を描いていた？

えっ……？

 5歳の頃を思い出せ！

 そういえば、5歳の頃はまだ絵を描くのは怖くなくて、「描いたよー！」と、とにかくみんなに見せていた気がします。

 そうだ。幼い頃は、一番伝えたいことをガリガリ描いて、まわりにすぐ見せていたはずだ。**その場で互いの考えを共有する絵や図に、高い芸術性は必要ない！**

 うう。

 うまい人じゃないと書いてはいけないとか、才能がなければみんなの前で見せてはいけないとか、そんなことはない。**人はみな、頭の中のイメージを伝える力を持っている。**

 なるほど。社会人になって、そういう気持ちを忘れていました。いつしか完成度の高いものでなければ書いてはいけないと思い込んでいたのかもしれません。

 その通り。大切なのは、リアルタイムで情報を共有すること。図解は、イメージを具体的に共有するのにもってこいだ。今までの**「言葉の空中戦」が「見てわかる地上戦」に変わる。**

 なるほど……！ それができれば同じことを言い続ける会議であっても……

 そう、書いて見せれば話が進む。その場で書いて、モヤモヤ・ザワザワを黙らせろ！

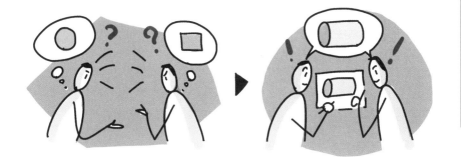

書けばなくなる「ちゃぶ台返し」!

 さて、君は今どんなことに困っている？

 たくさんあって語りきれないかもしれません。最近だと、上司からの課題を持ち帰って、1週間かけてじっくり考えて仕上げた「完璧な企画書」を即座に否定されました。あの時間と労力はなんだったのか……

 うーん、完璧な企画書か。完璧さが必要なときもあろう。しかしそれを作るために何日も何日も時間をかけて仕上げる前に、やるべきことがある。

 な……何ですか？

 要望を聞いたら、すぐ持ち帰っていないか？ 例えば、企画書にする前の打ち合わせの段階で、「こういうことを考えていらっ

しゃいますか？」や「こう受け止めましたが、方向性は合っていますか？」と。**その場で可視化して確認したことはあるか？**

 可視化？　目に見える形にするんですか？

 そうだ。その場で書いて見せる。相手もイメージできていない**モヤモヤの部分を可視化し、大まかにでもコンセンサスがとれれば、その後に提出する企画も大きく外れない**だろう。

 た、確かに。考えもしませんでした。

 「少なくともこれはないな」とか、だいたいの方向性が決まれば、そこに集中すればいい。

 僕はいつもわかった気になっていて、「その場で確認する」のができずに持ち帰っていました。だから的外れな提案になっていたんですね……

 うむ。それを**「お持ち帰りの負のスパイラル」**という。「これってこういうことですかね？」と、さっと書いて見せれば、その段階での「解釈の違い」や「共通するイメージ」が明らかになる。

 負のスパイラルにずっとハマっていました。

 イメージを共有できれば、後からのちゃぶ台返しもなくなる。では実際、どんなシーンで図解すればいいか。「なんでも図解」の活用シーンは主に次の４つだ！

自分の頭を整理するとき

POINT

▶ スピード ＞ 整理

▶ 記憶をよみがえらせることを第一に

▶ 日付、順番は明確に

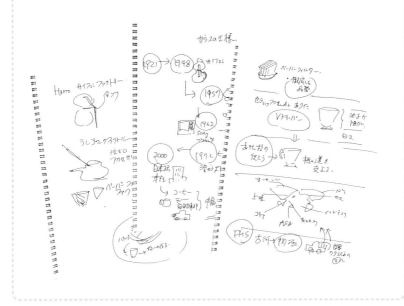

 考えを残さなければ思考停止と同じだ。**頭の中の思いつきや浮かんだキーワードを記録してストックする。**日々のスケジュールを記録・確認するとき、あるいは To Do を書き出し、ネクストアクションを考えるときにも役立つ。

2 打ち合わせ、ブレーンストーミングをするとき

POINT

▶ 意見によって色を変え、思考の発散と促進をうながす。収束へ向けての構造化も行う

▶ 書き込むスペースを意識して、余白を空ける

クライアントから新商品のオリエンテーションを受けたときなど、その特長やポイントをその場で図にすることで、より内容を把握しやすくなる。また、**書けばイメージが具体的になり、認識の齟齬（そご）や方向性の違いも明確になる。**チームでアイデアを出すときにも効果的。書くことによって想像力も引き出せるので、ブレーンストーミングにも有効だ。

3 研修や学びの場で知識をインプットするとき

 POINT

▶ テーマ、タイトルは明確に

▶ 話の流れがひと目でわかるように

▶ 見出し、タイトル、ラベルの統一

▶ 文字のメリハリ、絵で伝えてわかりやすく

 情報をリアルタイムに記録する。セミナーに参加したり研修を受けたりするときをイメージしてみよう。**書くことで記憶に残りやすく、図解されていると後からそこに書き込んで復習もしやすい。**

4 プレゼンなどで書いたものを見せながら伝えるとき

POINT
▶ 視認性を意識したブラッシュアップ
▶ 文字数、線の太さなど、見せるシチュエーションを想定してメリハリをつける

 他の人に自分のプランを話すとき、言葉だけでは具体的にイメージしてもらえないことも多い。**見える形にすることで、興味を持って聞いてもらえ、質疑応答もしやすくなる。**また、プレゼンの際、スライドに載っていない内容を質問されたときも、その場で書いて説明できると説得力が増す。

「なんでも図解」
5つのメリット

 どんなシーンで使うかはわかったな？

 はい、打ち合わせ以外にもいろんなシーンで使えることがわかって、ワクワクしてきました。

 その意気だ！ 次は「なんでも図解」のメリットを教える。全部で5つある！

① 複雑な内容や長い説明が
俯瞰できる

 複雑な内容を理解するのは大変。図であれば全体像を効率よく把握できる。**抜け・モレ・矛盾も発見しやすい。**

 確かに……。4時間の会議が紙に書かれていて、ひと目で理解できて助かったことがあります。

 多人数で話し合うときは声の大きい人の発言が場を支配してしまうことも多い。しかし、ふとした意見や小さい声も書きとめることで、全体の発言が見えるので、**「発言しやすい」空気が生まれ、新しい議論に発展しやすくなる。**

 確かに。書いた図をもとに皆が活発に意見を出していた気がします。

3 プレゼンテーションの
精度が上がる

プレゼンの内容を考えるとき、いきなりPCでスライドを作るのはダメだ。まず**訴求点や骨格をざっと図にまとめる。**この段階でまわりの反応を確認し、加筆、補足して内容を練り上げていく。

 僕はスライド作成からいきなり入って、細かいところにこだわっていました。

④ 創造力、発想力が上がる

図にすることで、今までとは違った角度からの見方ができ、**思わぬ発想の飛躍が生まれる**ことも多い。言葉だけでなく図を組み合わせると、枠組みにとらわれない思考を巡らすのに役立つ。

そういえば、先輩は話が途切れるとあえてゆるい図を書いて、みんなを盛り上げていました。

⑤ 説明力がアップする

ビジュアルとともに説明すると内容がひと目で伝わり、質疑応答などのコミュニケーションもとりやすくなる。例えば新規事業のアイデアなども、**イメージしやすい流れを見せながら説明すると、相手も理解しやすい。**

部長の前で言葉に詰まって説明できなかった僕を尻目に、かっこよく図で説明していた先輩たちを思い出します。

トレーニングはこう進む！

 先生、メリットはよくわかりました。けど、どうやったら習得できるのか、僕には見当もつきません……

 ふふふ、いやというほど丁寧に進めてやる！ これから始まる「なんでも図解」のトレーニングの流れを見よ！

「なんでも図解」をマスターする４ステップ

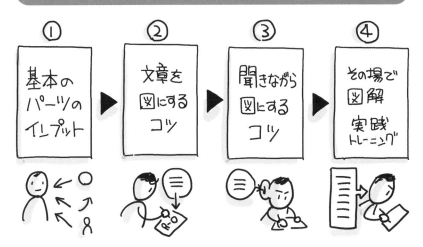

 おおっ！ ４ステップなんですね。

そうだ。この4ステップを7日間で踏破する。各ステップの説明をしよう！

ステップ1 （1～3日目）

言葉を図に落とし込むための「基本パーツ」をインプット

∨

ステップ2 （4日目）

パーツを組み合わせ、文章を図解するコツをインプット

∨

ステップ3 （5～6日目）

聞きながら図解するコツをインプット

∨

ステップ4 （7日目）

現場を想定した「聞いて書く」ワークで、明日から使える力をインプット

 頭でわかったつもりでも、**手を動かさなければ決して現場では使えない。**最初はまどろっこしいかもしれないが、インプットするときは心を無にして、頭と手はフル回転させてくれ。

 は、はい、わかりました！（ごくり）

 反復練習によって言葉を図にする力を徹底的につけていく。「ラクしてキレイな図が書けるようになりたい」という気持ちには寄り添わないからな。心して挑め！

1分間ウォーミングアップ

 ペンと紙を用意せよ。ウォーミングアップだ！

 はい！ ジャージに着替えました！ というか、なぜウォーミングアップ？

 ウォーミングアップの目的は**「心と手を柔らかくする」**こと。線に力が入ると書くスピードがダウンする。その上、力の入った線は「よれて見にくい」。会議でも真っ白なホワイトボードに書くのって少し緊張するだろう？

 確かに真っ白だと緊張します……！

 書く前にウォーミングアップしておくとその後の書きやすさが違うぞ。さあ、まず紙にどんどん丸を書く！ もちろんタブレットでも OK！

 なるほど、いざ絵を描こうとすると心が折れそうになるけど、丸なら大丈夫です！

 そうだ。白い紙なんか怖くなくなるのだ！

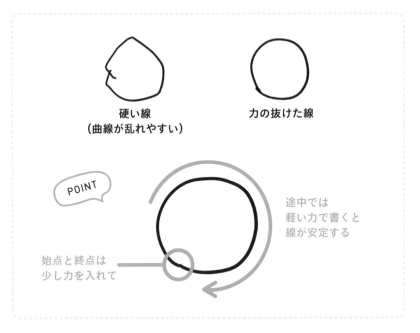

硬い線
（曲線が乱れやすい）

力の抜けた線

POINT

途中では
軽い力で書くと
線が安定する

始点と終点は
少し力を入れて

 大きさは直径5センチくらい。**始点・終点をしっかりくっつけるように意識して、とにかくぐるぐるたくさん書く。**紙が真っ黒になるまで続けよ。

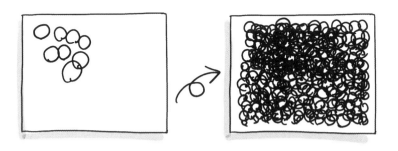

 て、手が痛い。

痛いのは、力が抜けていない証拠だ。肩の力を抜いて素早くリズミカルに！　真っ黒にならない？　それはまだ反射的に書けていない証拠だ！

 次は音楽をかけてやれ！　音に乗って丸以外の図形もどんどん書いてみろ！

 は、はい！　気が散ってうまく書けません。

 それでいい！　**聞きながら、書き分ける。2つのことを同時にやる訓練でもある！**　書き慣れると、スピードが安定する。スピードが安定すると線も安定し、視認性のよい図が書ける。

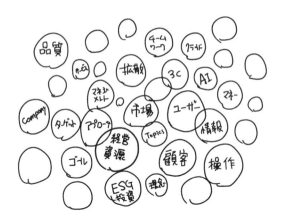

 どんどんキレイな円が書けるようになりました。

 自分のクセをつかんで調整していくと、自信をもって書くことができる。手帳でもタブレットでも時間があるときにこまめに丸を書く練習をしよう。レクチャーに入るぞ。休んでいいのは盆と正月だけだ！

トレーニングにはこの装備で立ち向かえ！

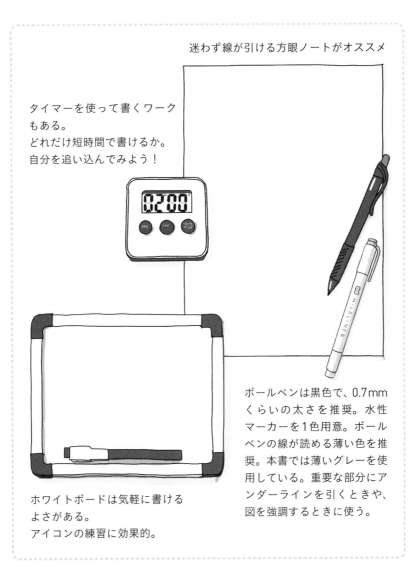

迷わず線が引ける方眼ノートがオススメ

タイマーを使って書くワーク
もある。
どれだけ短時間で書けるか。
自分を追い込んでみよう！

ボールペンは黒色で、0.7mm
くらいの太さを推奨。水性
マーカーを1色用意。ボール
ペンの線が読める薄い色を推
奨。本書では薄いグレーを使
用している。重要な部分にア
ンダーラインを引くときや、
図を強調するときに使う。

ホワイトボードは気軽に書ける
よさがある。
アイコンの練習に効果的。

最速で図解するなら
「何を図にしよう?」と悩んではいられない。
まずは最強のツール、「囲み」を授けよう。

文字を囲む。

たったこれだけで「図」ができるのだ!

1

日目

「囲み」をマスター！

文字の羅列が
一瞬で「図」に変わる

「なんでも図解」の3大ツール

 先生、僕は「さっと書け」と言われても図がイメージできません。思考停止して、文字だけで書いてしまいそうです……

 もちろん文字も大切だ。図で表せないこともたくさんあるし、文字のほうが早いときもある。とはいえ、文字だけだと、「一瞬にして伝える」が実現しにくい。

 なんだか難しそうですね（…嗚呼、もう帰りたい）。

 いや待て！「囲み」「矢印」「人」を使え。 一瞬で伝わるぞ。

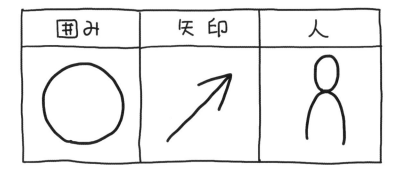

図解3大ツール

「囲み」は文字を「図」の要素として際立たせてくれる。「矢印」は要素の関係性や時系列を示してくれる。「人」は理解を早くしてくれる。

なるほど。シンプルですね！

田中、メモが文字だらけになることはないか？

はい、よくあります。**書いたものを見返しても意味不明**になっていて、そもそも何を言っていたのか思い出せないことのほうが多いです。

ふむ。囲みを使えばテキストや段落を「ブロック」として表せるので、**関係性を表しやすい。**

関係性？

「A社という取引先にはB社というライバルがいる」といった内容もひと目でわかる図にできる。例えば、

 お題 A社の事業AとB社の事業Bが結びつき、新会社Cができた

これを図にしたいとする。

う……さっぱりわかりません。

おい！　諦めるのが早すぎるぞ！　囲みと矢印を使えば、こんな図が書ける。

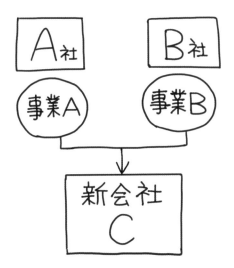

 なるほど！ あっという間に図にできますね。関係性がひと目で
わかりますね。

 うむ。囲みは言葉を「図の要素にする」。そして矢印は「要素同士
をつなぐ、運ぶ」。どちらも話を構造化してくれる使えるヤツな
のだ。「矢印」「人」については明日以降、詳しく話そう。

囲みでテキストを 「図形化」する

 田中、世の中には図や絵にするのが難しいものもある。 図や絵にできなかった経験はあるか？

 いやいやいや、そんなのばっかりですよ！

 ほう。例えば？

 この前勉強会で「7S」というフレームワークの話を聞いて、**図にせよと言われたんですが、イメージできなくて……**

 ほうほう。どんな内容だった？

 確かこんな話です。

> お題 「7Sとは、企業の持つ資源を戦略・組織・システム・価値観・能力・人材・文化の7要素から分析するフレームワーク」

 うむうむ。そんなときは無駄に苦しんではいけない。

 はい？

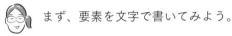 まず、要素を文字で書いてみよう。

戦略　　組織

システム　　価値観

能力　　人材　　文化

 さくっと囲んでみよう。さくっと。

 おお？？

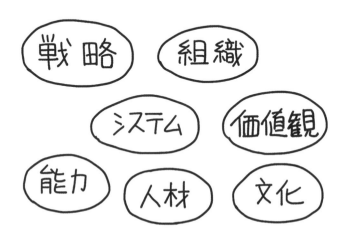

なるほど！ テキストで書いて囲むだけ。これでもひとつひとつが目に入ってきますね。

 そう。**無理に絵にしなくていい。**仕上げに「7S」と書く。

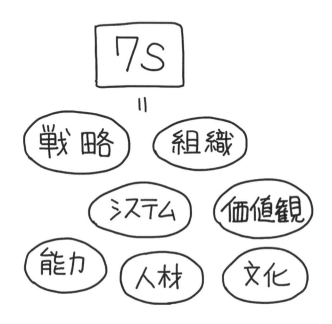

 囲むことで文字がシンボル化できることを覚えておけ。他の要素と区別しやすくなり、図形化できる。次ならどうなる？

お題 顧客と企業のコラボレーション

 「顧客」と「企業」はそのまま書いて……

 線でつないでしまえば「コラボレーション」を表せる！

1
日目

「囲み」をマスター！ 文字の羅列が一瞬で「図」に変わる

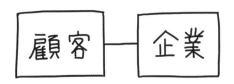

 よし！ 次はどうなる？

 お題 顧客と企業のコラボレーションからコミュニティを構築する

 コミュニティは、顧客と企業のつながりから生まれているので、「顧客―企業」から線を下に延ばし、その先に配置する。

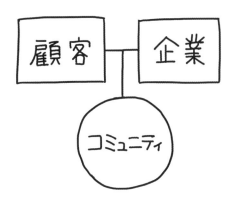

 お、おおう……。すぐ図にできる！

 要素と要素の組み合わせで図が生まれる。囲むことが図解の第一歩と心せよ。

四角と丸を使い分けろ

 四角で囲むときと、丸で囲むときって、どう使い分けるといいん でしょうか？　適当にやっちゃっていいんですかね？

 いやいや、気まぐれフィーリングは他のところで活かせ。例えば、 さっきの図だがすべて丸で書くとこうなる。

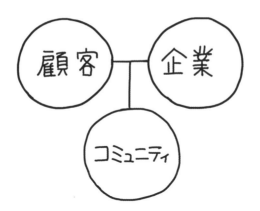

 ですね。これはこれで見やすい気もします。

 まぁ待て。顧客と企業は並列の扱いにして、同様の四角で囲む。 コミュニティはそこから生まれたムーブメントと解釈して丸にして みよう。

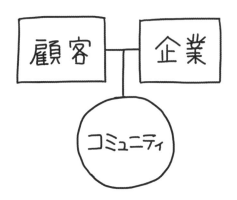

 形の差で関係がわかりやすくなるんですね！

 そう。四角は安定感があるので、企業、ビジネス文書、データなどと相性がいい。

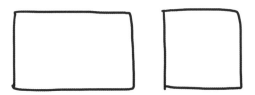

 丸は四角よりもマイルドな印象、柔らかなイメージがある。抽象的な言葉にマッチしやすい。次のページの表を見てみよう。

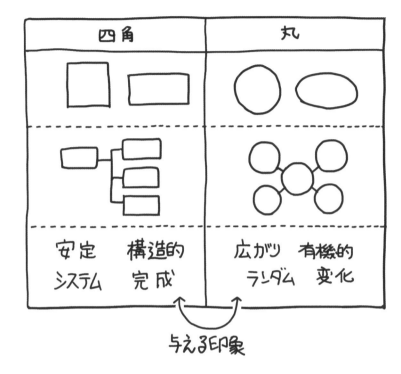

四角と丸の使い分け

| 四角 | 丸 |

与える印象

 四角と丸を書き分けてわかりやすくするには、それぞれの特性を
しっかり理解しておく必要がある。

 四角は「安定」、丸は「広がり」と覚えておきます。

 意味がわかるように形を選んで使おう。はじめは形の歪みなど気
にするな。**スピード優先！ 雑、ウェルカム**だ！

囲みの必須技術を
マスターする

 田中、「○○は○○に含まれる」という表現は会議でも仕事の流れの説明でも出てくることが多い。例えば、

> **お題** 「宿泊費」と「交通費」と「食費」のうち、出張費に含まれるのは「宿泊費」と「交通費」です

 意味がわかるようでわからないような……。こんがらがってきました。

 これも囲みを使うとわかりやすく図にできる。ほら。

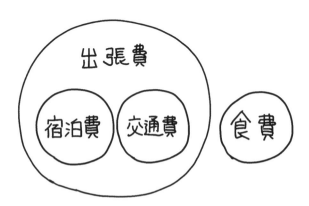

もう少し複雑な文章でも可能だ。

> **お題** 企業の間接部門には人事部や総務部が含まれ、開発部や営業部は含まれない

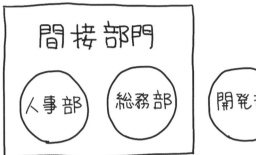

 なるほど！ こうして見ると、文章で読むより早くわかりますね。

 「AはBで構成されている」「A、B、CはDで作られている」なども、この「包含」の図で表せる。しかし「何が含まれていて、何が含まれていない」などの複雑な内容こそ、包含の図を使うと関係性を伝えやすいぞ。

吹き出しで
「セリフ」「補足」を表現する

 図をわかりやすくするアイテムとして「吹き出し」がある。

 よく漫画で使われてますよねえ。

 うむ。**人物の発言だけでなく、説明を加える役目もある。**複雑な図になるほど、要所要所に使うと効果的だ。

吹き出しの使い分け

実線			通常時
点線			補足 心の声
変型			強調 ざわめき かけ声

例を出すので、使い方を頭に叩き込んでおけ！

> **お題** 社員のストレスを減らすには、産業医と企業の協力が重要。（月1回の報告レポートの提出等を行う）

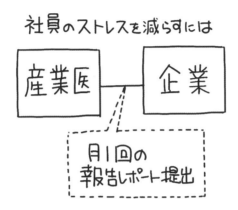

> **お題** 売り上げ増加の方法には、新規顧客獲得と顧客単価の上昇と流出顧客の防止がある。（既存顧客に対する活動である、顧客単価の上昇や流出顧客の防止のほうが効果が出やすい）

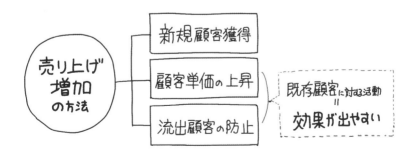

1

わかりやすさが加速する
「囲み」のコツ ❶

線の違いでわかりやすく

 図はほとんど実線で囲むが、点線や二重線を交えると、さらにわかりやすくなる。**二重線は強調を、点線は仮定、未来、補足を**表す。

囲みの使い分け

実線	☐	◯	ノーマル 汎用性
二重線	▢	◎	強調
点線	⬜	◯	仮定 未来 補足

囲みの使い分けを意識して、次の文章を図にしてみよう。

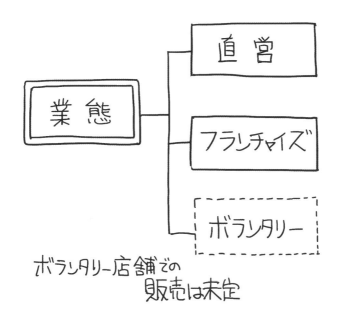

お題 考えられる業態は「直営店舗」「フランチャイズ」「ボランタリー※」の3つだが、ボランタリー店舗での販売は現状未定である

※フランチャイズよりも仕組みがゆるやかで、比較的自由なスタイルで店舗運営できるシステム

 これはわかりやすい！　点線ってこう使うんですね！

 二重線と点線を使い分ければ、グッと伝わりやすくなるぞ。

わかりやすさが加速する
「囲み」のコツ❷
強調したい重要箇所を囲め！

 田中、「売り上げの80％」を図にするときはどうする？

お題 ▶ 売り上げの80％

 こ、こうですか？

そうだ！　でももっとわかりやすくできる！

 なるほど！　「80％」だけ囲んで、「売り上げの」というテキストを添えるのか！

 そうだ。**強調したいところだけを囲む。** それによって数字も見やすくなり、内容もスピーディーに理解できる。

わかりやすさが加速する
「囲み」のコツ ❸

長いテキストはコンパクトに！

 例えばこんな言葉があるとする。わかりやすくするにはどうすればいいか？

> お題 コンプライアンスへの取り組み

 文字を囲んで……。こ、こう？　こうですか？

コンプライアンスへの取り組み

 喝（かつ）！　こんな長い単語を長いまま囲んでも、わかりにくいだけだろうが！

 ど、どうしたら……

 というわけでポイントじゃ。**長い単語や文はわかりやすいところで改行せよ！**

コンプライアンスへの
取り組み

 なるほど！　一瞬で目に飛び込んでくる。

 そうだ、横に長く1行で書くことは間違いではない。しかし、見る側にしてみればなるべく視線を動かさないほうが内容を早くつかめる。

 わかりました！　例えばこんな感じですね！

ソーシャルディスタンスとフィジカルディスタンス

▼

ソーシャル
ディスタンス

フィジカル
ディスタンス

 田中、グッジョブ！

メリハリをつけて囲もう

 囲みは重要だが、「すべてを囲むぞ！」と思い込まなくていい。すべての要素を同じトーンで囲みまくると、かえって意味がわかりにくくなることもある。

お題 顧客になるのに必要な条件は「認知」と「関心」と「購買」である

 すべて同じ形で囲むよりも、

 顧客はあえて囲まずに、並列の3要素だけを囲むと関係性が伝わりやすい。

図解の最強ツール、矢印を使いこなそう。

伝わる情報が一気に広がる！

2

日目

「矢印」をマスター！

関係性を瞬時に伝える
飛び道具

矢印不在の悲劇とは？

 今日は矢印をマスターしてもらう。この**矢印は理解を促すパワーにあふれている。**

 お、おおげさではないでしょうか？

 矢印がなかったら、組み立て家具も作れないし、成田空港にもいけないぞ！

 そこですか!?

 矢印があれば、**複雑な内容でも一瞬で理解できる。**こんな一文も図にすればひと目で伝わるだろう。

お題▶ 投資家は企業に ESG 投資を行い、企業は投資家にリターンを行う

う、確かに！

 人、システム、データの移動、アクセスの順番、お金の流れ、組織の関係。それらがどんな関係にあるかを伝えたいときに、つなぐ線がただの棒線だったら意味は伝わるか？

> **お題** 入札者は出品者から発送された商品を受け取り、代金を支払う。オークションサイトは出品者からの出品を受け付け、入札者はオークションサイトに入札価格の提示を行う。出品者と入札者は相互評価を行う

 この文章、矢印がないとこうなってしまう。

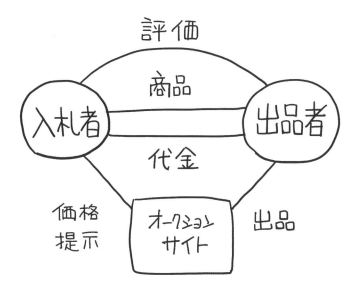

 これだとなんのことかわかりませんね。

だろう？　だが矢印を使うとグッとわかりやすくなる。

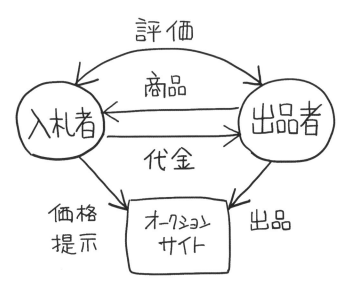

 確かに、「出品者」「オークションサイト」「入札者」の関係性が
一目瞭然ですね。相互評価なことも矢印ひとつですぐわかる！

 要素を単体で書くだけでは、話の内容をわかりやすく表現するの
は難しい。たかが矢印、されど矢印。役割を知ればさらに素早く
アウトプットできるぞ！

矢印はこう書け、こう使え！
流れ、双方向、対立をマスターだ！

 矢印表現はたくさんあるが、すべてを覚える必要はない。図解するなら基本は「**流れ、双方向、対立**」の3つだ。

 流れ？　双方向？

 ひとつひとつ説明しよう！

❶ 流れを示す

矢印の根元が原因・基点で、
矢の先が結果・着地点になる。

【移動】AからBに移動する

お題 A社からB社に転職

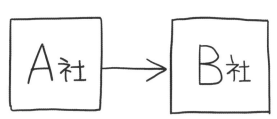

【変化】A が B になる

お題 平成から令和へ

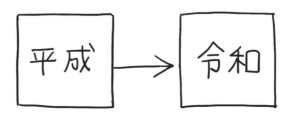

【順序】A の後に B となる

お題 受付確認メールの後に注文確定メールが来る

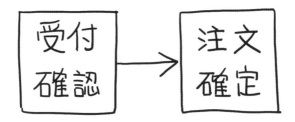

【因果関係】A のために B となる

お題 SNS で拡散されたため問い合わせが増加

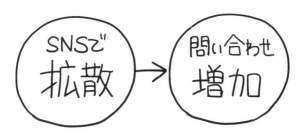

❷ 双方向（やりとり）

指す向きが異なる2本の矢印。
「交換」や「互いの作用」を表す。

【交換】AがBに対して作用し、BがAに対して作用する

お題 ▶ 派遣社員Aさんは派遣先企業B社へ就業し、B社はAさんに指揮・命令をする

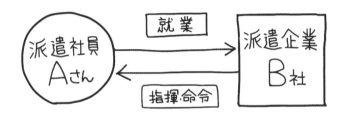

【対価を支払う】AとBはモノとお金をやりとりしている

お題 ▶ メーカーX社と小売Y社の商品と金の移動

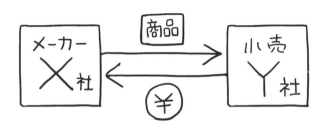

③ 対立

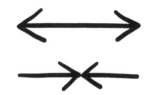

2本の矢印の向きが反対を向いた状態。
「対立」「競合」などを表す。

【対立】A と B は対立している

> お題 A 部長と B 部長は対立している

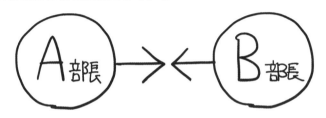

【競合】A と B は競合している

> お題 A 社と B 社は競合関係にある

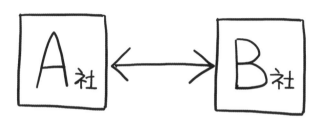

この「対立」ですが、2通りの表現があります。この矢印はどんなときに使うんでしょうか？

 この矢印で表すと**「衝突」「争い」「まったく相容れない関係」という意味が強まる。**ふさわしいほうを選んで使おう。下の一覧を見るんだ。とっさに出るよう脊髄まで刻み込め！

矢印の使い分け

流れ	双方向	対立
→	⇄	⟷⤬
移行 発生 結果	やりとり 交換 相互	対応 対比 競合

2 日目 の 3

複雑な内容をわかりやすくする
「矢印」のコツ❶
連鎖を表すなら曲線を選べ！

 よく使われている言葉だが、PDCA は知ってるな？

 もちろんです。常識っすよ。

 ちょっと書いてごらん。

 できました！

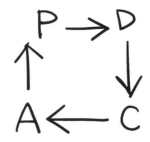

 うん、間違いではない。だが甘い。これよりも……

 こちらのほうがより直感的にわかりやすい！

 なるほど、サイクルや循環を表すときは曲線のほうが伝わりますね。

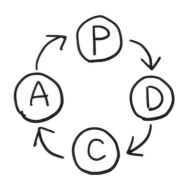

そう、直線だと静止、確定した関係を伝えやすい。一方、**曲線だと動的に変化する様子を伝えやすい**のだ。もうひとつ例を出すから、曲線の使い方を頭に叩き込むんだ。丸、四角、点線の使い分けも復習するように。

> お題 資金循環サイクルとは、資金を調達し、これを事業に投下し、販売し、回収し、資金を返済するという一連のサイクルを繰り返すことである
>
> 「キャッシュフロー経営と資金循環サイクルの関係？（知っているつもり？キャッシュフロー経営！その11）」
> https://www.shiraishi-concierge.com/2016/07/22/%E4%BC%9A%E7%A4%BE%E7%B5%8C%E5%96%B6%E3%81
> %A8%E7%AE%A1%E7%90%86%E4%BC%9A%E8%A8%88%E3%81%AE%E9%96%A2%E4%BF%82/（参照2020-
> 08-13）を参考に問題文を作成。

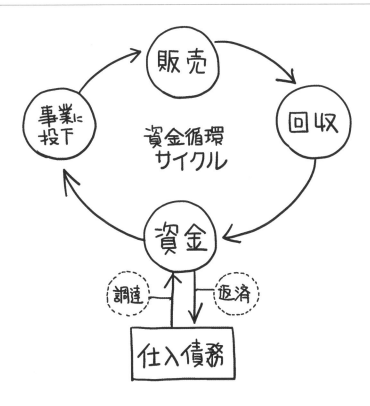

複雑な内容をわかりやすくする
「矢印」のコツ❷

微妙な関係性は線の違いで表せ

 矢印は少し変えるだけで見違えるほどわかりやすくなる。まずは
この3種類を覚えるんだ。

> **矢印の使い分け　点線、波線、二重線**

点線	（点線の直線矢印・曲線矢印）	仮定　未来　補足
波線	（波線の直線矢印・曲線矢印）	混沌　迷走　障害
二重線	（二重線の直線矢印・曲線矢印）	強調

❶ 点線

未来のことや過去のこと、
可能性の低い事柄など、
現状目の前にないもの、
見えにくいものを表すときに使う。

 点線は「目に見えないものの動き」を表すこともできる。次のような文章を図にするときにも使える。

> お題 ユーザーは検索で探してサイトを訪問する

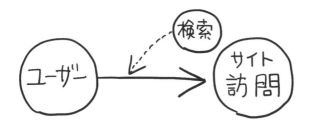

 流れを補足してわかりやすくできるのだ。

❷ 波線

混沌としている状況や
迷いを表現するときに使う。

❸ 二重線

強調するときや強い結びつきを
表現するときに使う。

 さっと書きたいときに、ペンをいちいち持ち替えてはいられない
だろう？ しかし、線のバリエーションを知っておくと少しの工
夫でわかりやすくなる。次の文章はどうなる？

> **お題** 短期の目標として、最優先は「地域ナンバーワン」、しかし、次
> は他県にも進出したい。海外進出は当面難しいから後回しにす
> るべき

 こんな矢印の使い分けをすると見返したときにわかりやすい。

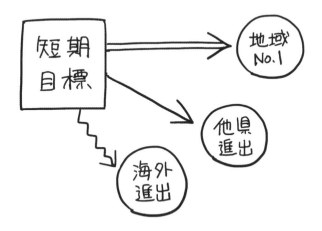

 確かに！ わかりやすいです！

よし。少し複雑な文章も図にしてみよう。

お題 C社はA社に提携を持ちかけていたが、A社とB社がすでに提携成立。E社は、A社とB社の提携に不満を感じている。A社はD社に対して影響力が大きい。

 これを一種類の矢印で表すとこうなる。

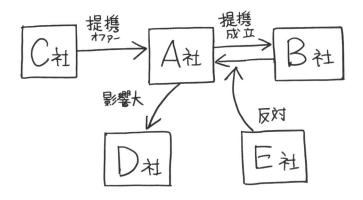

 しかし線を使い分けると、よりわかりやすくなる！

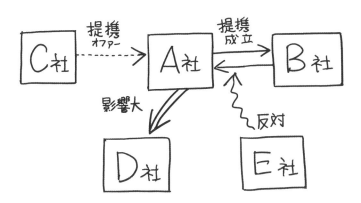

複雑な内容をわかりやすくする
「矢印」のコツ❸

集中・拡散、上昇・下降は
矢印の「向き」で表せ

 「SNSで商品情報が拡散している」「A社に注文が集中」など、状態を表すときも矢印で表現すると早い。

`お題` SNSでの商品情報の拡散

`お題` A社に注文が集中

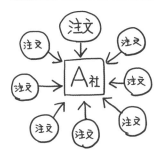

 上昇や下降のイメージも伝えられる。

`お題` Aの状態からBの状態へ発展する

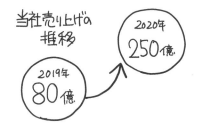

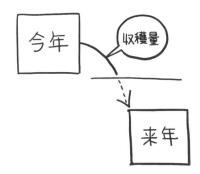

 矢印ひとつでこんなに変わるんですね。

 表にまとめておいたから、よく覚えておくように！

矢印の使い分け 「向き」を工夫する

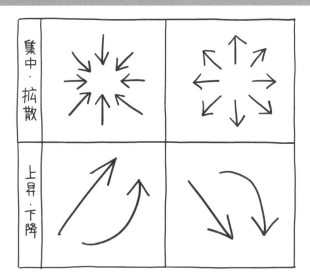

囲み、矢印を身につけるなら
「自分会議」で使いまくれ！

 せっかく覚えた囲みと矢印。うっかりすると忘れてしまいそうです。

 そんな弱音は通用しないぞ！　基本ツールは反復してこそ血となり肉となるのだ！

 で、ですよね。どうやったら血肉になるんでしょう？

 まずは1週間、囲みと矢印を意識した図解メモを取り続けよう。オススメは「自分会議」を書きながらやってみることだ。5分でいい。

 「自分会議」……自分の頭の中を整理する感じですかね？

 そうだ。例えば「毎月のお小遣い、もっとアップしてもらうには？」をテーマに図解してみるとか、どうだ？

 まさに切実……！　現状の20000円が、どれほど非現実的なのかを妻にわかってほしいです。会社のまわりはランチ1000円超え続出で、もし20日間会社に行った場合、普通に昼食代だけで消えていくんです。僕はコンビニスイーツがささやかな楽しみなのに、これでは働く意欲もなくなる……。

 そうだ！　それをわかりやすく図解できるか、しかもお小遣

いアップにつながるか。囲みや矢印を使って書いてみよう。

 例えば、こんな図解ができるな。

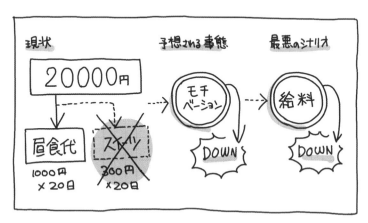

 うおお、これなら妻にプレゼンできるかも……！　僕もやってみます！

 うむ。小さなメモでも、図解する過程で物事を抽象化する力や関係性を表現する力がつき、頭の整理もできる。

 １日５分なら、今日の予定を書いてみるのもいいですね。

 そう、テーマは大きくなくて OK だ。書いたメモを時間のあるときに見返して「この矢印のほうが伝わるな」「この囲みは不要だな」など、改善点を書き込んでみるのもいい。

 なるほど。反復が大事なんですね！　やってみます！

「なじみがある」「理解しやすい」
そんな特性を持つ、人アイコンをマスターすれば
図解の幅がグッと広がる！

3

日目

「人」をマスター！

注目と理解を促す
最強のアイコン

1秒で書ける人のアイコン

 今日は「人のアイコン」をマスターしてもらう。

 あのう、い、今さらですが、人のアイコンって、なぜ図解に必要なんでしょうか？

 うむ。人のアイコンには2つの特性がある。**「なじみがある」**と**「視線がいきやすい」**だ。例えば次の文章、

> **お題** A社はユーザーにサービスを提供し、ユーザーはその代金を支払う

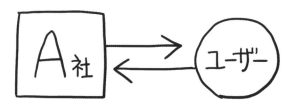

 こういう囲みだけの図よりも、

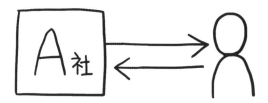

人のアイコンがあったほうが、関係性がひと目でわかるだろう？

確かに……。関係が複雑なときほど、アイコンの活用は効果的ですね。と、ところで先生、本当に丸と線で人が書けますか？

当然だ！　しかも**1秒たらずで書ける！**　それはこれだ！

お、お……？　こ、こんなに簡単でいいんですか？

もちろん。この棒人間、ゼロワンくんは使えるやつだ。

ゼロワンくん

人の頭と上半身のみの超シンプルな人のアイコン。シンプルで素早く書けるので、幅広く活躍する。

先生、なんで「ゼロワン」なんですか……？

こいつは**「ゼロから1を生みだすイノベーター」**を象徴している。

ええ……壮大すぎて、わけがわかりません。

 すまん、嘘だ。頭がゼロの形で胴体が湾曲した線でできているから「ゼロワン」だ。

 （た、単純……！）

 なにか言ったか？　シンプルイズベスト！　**サッと現場でアウトプットするには、とにかく反復**だ！

 これでいいんですか？　簡単すぎて逆に不安です！

 次に30秒で何体書けるかチャレンジせよ！

 （ハアハア）先生、たくさんの人々が押し寄せてきますぅ。

 落ち着け。うむ、だいたい**30秒で40体**くらい書ければオッケーだ！

3

人のアイコンの
「2つの使い方」

 どんなときに人のアイコンを使えばいいんでしょうか？

 大きく2つある。1つは**ビジネスモデルなどの図解の中での役割や人の存在を明確にしたい**ときだ。

 この文、囲みと矢印で書くとこうなる。

> お題 顧客の問い合わせがデータベースに蓄積され自動FAQが生成される

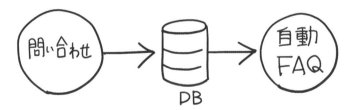

 これでも伝わるが、人のアイコンを使うとよりわかりやすくなる。

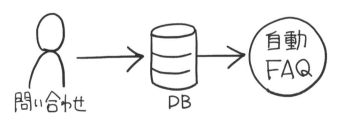

人のアイコンがあると、ひと目で理解できます!

お題 A社の商品を購入したユーザーに商品を送る際、サンプルを同梱し、他のユーザーに配布してもらうことで商品の認知を広げます

 この文章、人のアイコンがないとこうなるが、

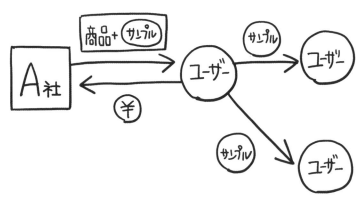

 人のアイコンが入るとよりわかりやすくなる。

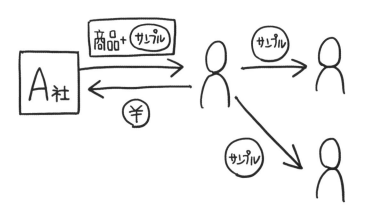

２つ目は**人に関わるサービスや状況、状態をわかりやすく伝え
たいとき**だ。これを見てほしい。

状況をイメージしやすくしたいときに使う

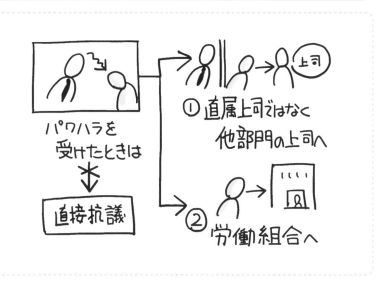

 おおっ！ イメージしやすい！

 田中、新規サービスの立ち上げや、サービスの改善案を議論した
ことはあるか？

 はい。そういうブレストの機会は多いですね。

 他にも、ユーザーの潜在的なニーズを考える場面もあるはずだ。
そんなとき、この人のアイコンが役に立つ。

どんなふうに使うんですか？

 ユーザーの具体的な困りごとを想像したり、サービスによってどう生活が変化するかなどを考えたりするはずだ。**人のアイコンを使って、そのイメージを可視化できると、議論も自然と深まる。**

 なるほど……。

 無論、**話し合いのベースに活用するからキレイに書く必要はない。** 表現のバリエーションを少しプラスするだけだ。

3 日目の3

人の「思考」や「状態」を表すなら、
吹き出しと組み合わせろ！

 人のアイコンを使うと、思考や状態も簡単に表現できる。例えば次の文章は、ゼロワンくんに吹き出しを置いてみるとうまく表現できる。

> **お題** 購入前のユーザーの反応は、スペックなどの質問をする人、直感ですぐ買う人、購入前に考え込む人の3つ

 （何かに疑問を持つ）（何かに納得する）（沈黙し思考している）が、瞬時に書ける。

 そうか、**吹き出しを組み合わせるとメッセージが加わりますね。**

 うむ。吹き出しならさっと書けるし、その中に入れるのは記号でもテキストでもいい。吹き出しでなくても「…」を添えるだけで「考え中」に見えるだろう。もちろん、そのままテキストをそばに置くのもいいが、吹き出しに入れると「誰が」「何を」言ってい

るのかがさらにわかりやすい。また、複数のゼロワンくんを使うと、「関係性（状態）」も表現できる。

例：2人なら

コミュニケーション
を取る　　　　　断絶状態　　　　考え込んでいる状態

例：大勢なら

意見の一致　　　考えに疑問をもつ　　大勢の中で孤立

 また、**ゼロワンくんと矢印と組み合わせると、わかりやすいビ
ジュアルも簡単に書ける。**もちろん、矢印はシンプルなもので
いい。チームビルディングやマネージメントについての説明をわ
かりやすくするのに使えるぞ！

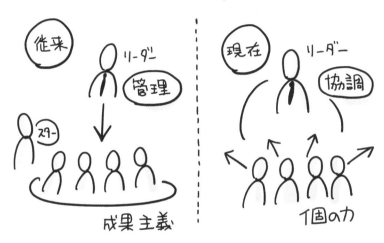

お題 エンゲージメント・オーガニゼーション（つながる組織）
リーダーが「管理」することを中心にチームに成果主義をとなえ、わずかなスター的なスタッフだけが脚光を浴びていた状態が従来の組織。現在はリーダーが協調を大切にし、チームの個の力を活かしエンゲージしている組織が注目されている

エンゲージメント・オーガニゼーション

従来　リーダー
管理
スター
成果主義

現在　リーダー
協調
個の力

 人の行動や感情の流れは、「表情」が書けるとより伝わる！

 例えば、コレを図にしてみる。

お題 退職後もその企業を SNS で応援する社員。
退職後、悪意ある SNS 投稿をし企業にダメージを与える社員

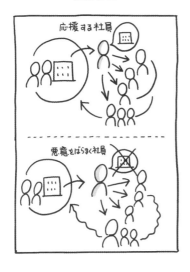

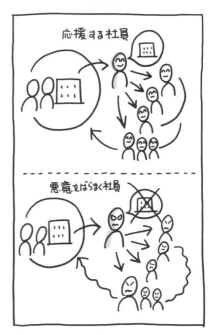

 表情があると、さらに内容が伝わるだろう？

 なるほど！　表情が書けると、その場の状況が手短に伝えられるんですね！

 そうだ。プレゼンテーションやアイデアを伝えるときも、その資料に人を入れたときに、表情があるとぐっとわかりやすくなる。

ベースの喜怒哀楽も
1秒で書ける！

 ところで、表情はどう書くんですか？

 ベリー、シンプル！ ゼロワンくんに線を足すだけだ！

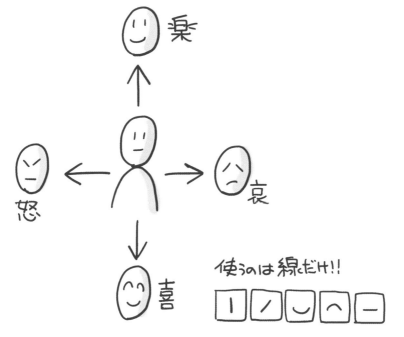

 か、簡単っす！

関係性も感情も瞬時に表せる 「顔の向き」

 「スタッフの対立」「ユーザーが困ったとき」「アプリを使った主婦がどんな反応をするか」といった関係性や感情は **「顔の向き」** と **「矢印」で表現できる。**

 顔を同じ向きに向けると「チームワーク」「同じ目標を持つ」などが表せる。

 おお！　わかりやすい！

 体は近くても顔が反対の方向を向いていれば「仲間割れ」「見かけだけのチーム」なども表せる。

 これ、今の僕と部長ですよ……！

 信頼関係が生まれるまでがんばれ！　いつかはまたこうなる。

 （……ちょっとコワイ）

 人と人、書き分けるのなら線を加えよ！　２人以上を書き分け
たいときも出てくる。やることはこれだけ！

1 斜線で色分け

2 肩の形を変える

3 ネクタイをつける（真ん中に棒線を引くだけでもいい）

4 帽子を被せる（頭に横線を引くだけでもいい）

5 体型を変える（胴体の湾曲をゆるく）

6 髪型（顔に前髪っぽい線を入れる・渦巻を襟足に書く）

人の書き分け（2人の場合）

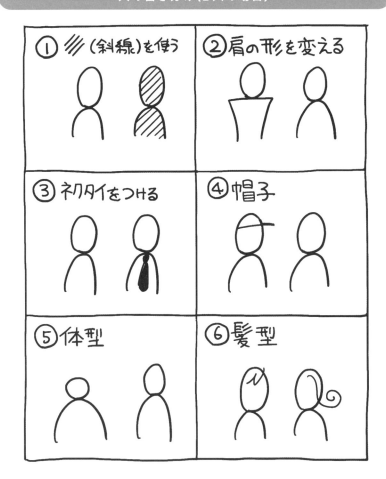

人の書き分けテクニック

 スピーディーに人の様子を書き分けられると、アイデア出しやユーザーインタビューなどで役立つことが多い。いくつかメソッドを伝えよう。例えば、がっかりする人なら、

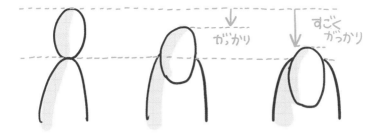

 頭の部分を少し下げ移動させると、うつむく状態（ネガティブな表現）ができる。さらに対話する人なら、

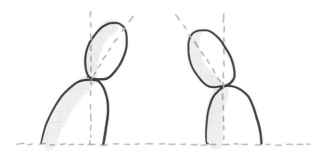

 中心の軸に傾きを与えることで、体の方向が明確になり、関係性も表現できる。さらに、大人と子どもといった年齢差も表現できる。

 年齢差を書き分けるなら、子どもの頭をまん丸にする。必須ではないが、いざというときに役立つ。インプット推奨だ！

 素早く書けて、しかも図をわかりやすくする武器って他にないですか？　アイコン、記号のような……。

 そうか。では田中からの真摯な声に応えて、即効性の高いアイコンと記号を紹介する！（次ページ）

 こ、これだけっすか!?

 これだけだ！　言葉で書くと時間がかかるとき、あるいは時間や場所など、補足の説明が必要なときに使え！　書きたいものはその時々によって変わるから、少しずつ増やしていけばいい。

 了解です！

ビル 会社 仕事 本社				地球 国際 世界 グローバル			
工場				日本 国内			
製品 モノ				エコ			
PC 仕事				アイデア 発想			
書類 データ テキスト				お金 資金			

まとめ 要するに	～と同じ イコール	近い	大なり 小なり	から
}	=	≒	><	～
例 例えば	おどろき 注意	疑問 不明	足す 加える	かける ダメ バツ
ex.	!	?	＋	×

3
日目

「人」をマスター！ 注目と理解を促す最強のアイコン

「なんでも図解」のパーツをインプットした後は、

それらを駆使してどんどん図解だ。

まずは、

文章を読んでそれを図にする

トレーニングからはじめよう！

なんでも図解

4

日目

文章を読み、
最速で作図する！

4 日目 の 1

文章を図にする3ステップ
①文章全体の意味を読みとる

 今日は、文章を短時間で図にすることを体に叩き込む！

 見積もりの資料が理解できなかったときに、その場で先輩が「これはこういうことだ」とさっと簡単な図にしてくれてすごく助かりました。

 うむ、**文章の図解は、資料をわかりやすくまとめて企画書に落とし込むときにも使える。**小難しい説明も図にするとわかりやすい。文章を図にするには、次の3ステップで考えろ！

ステップ① 文章全体の意味を読みとる

ⅴ

ステップ② キーワードを書き出す

ⅴ

ステップ③ 「囲み」「矢印」「人」で表す

 おおおっ！ でもステップ①の「文章全体の意味を読みとる」ってどういうことですか？ わかるようでわからない気が……。

 その文が、「状態・構造」を表しているのか、「因果関係・変化」

を表しているのか、「拡散・収束・収集」を表しているのか。この3点から考えてみよう。

文章の「3つの型」を叩き込む

状態・構造	因果関係・変化	拡散・収束・収集
AはBである AはBとCから成る など	AとBがやりとりをする AからBに変わる A、B、Cと循環する など	AからB,C,D…へと 広がる Aに向けてB,C,Dが 集まる　　など
直線でつなぐ 図形が並列に並ぶ 	矢印で変化を表す 時系列に並べる 	・1つのパーツから 　多岐に渡る矢印を出す ・1つのパーツに矢印が 　向かう
例	例	例
 社是は「誠実」 「知識」「挑戦」 の3点から成る	 注文を受けて受注票を 渡し、データベースに入力する	 A社の納品先は B〜G社に渡る

4
日目

文章を読み、最速で作図する！

え？　こんがらがってきました。

 説明しよう。文の内容が「AはBである」「AはBとCから成る」といった**「状態・構造」を表す場合は、図が並列に並びやすい。**「会社の理念」を表すときなどによく使われる。

 確かに、3つの円が重なった図や、ピラミッド型の図は会社案内でよく見ます！

 文の内容が「AとBがやりとりをする」「AからBに変わる」といった**「因果関係や変化」**を表す場合は、矢印で変化を表す図になる。サービスやビジネスモデルを説明するときは、このパターンがほとんどだ。

 最後は文の内容が**「拡散・収束・収集」**を表す場合。「Aに向けてB、C、Dが集中する」なら矢印が一点に向かう図になり、「AからB、C、D、Eへと広がっていく」なら一点から矢印が広がる。

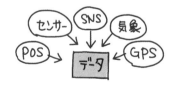

 なるほど……イメージできました！

4

文章を図にする 3 ステップ

② キーワードを書き出す

 固有名詞やそれがないと意味が通じなくなる単語を書き出す。接続詞や省いても意味が通じそうな単語を除くと、キーワードがクリアになる。

 なるほど。でも、**どれを抜き出すかで迷ってしまいそうです。**

 よし、簡単な文章で練習だ。

> **お題** 顧客は商品を購入するとき「機能」ではなく「価値」で選ぶ

 えっと、この場合だと、こんなイメージですか？

顧客　商品

購入

機能　価値

 そうだ！　重要キーワードのみを抜き出し、**省いても意味が通じそうな単語は思い切ってカット**だ。

4
日目

文章を読み、最速で作図する！

文章を図にする3ステップ

③「囲み」「矢印」「人」を足す

  さっきの図に書き足してみよう。キーワードを囲み、矢印や線でつなぐ。

 すごい！ まとまりましたね。

 一度でわかりやすく書けないときもある。時間が許すのであれば、書いた図をもとに文字の視認性がよくなるようにブラッシュアップしてもいい。

 わかりやすいですね！

 よし、例文で練習だ！ SNSにまつわる3つの文章を図にするんだ。

4 | 日目 の 4

練習問題 ❶
LINE を図解しよう！

 3ステップは叩き込んだな？　次の文章はどんな図になる？

お題 国内SNSではLINEがアクティヴユーザー数単独1位をキープしている

 まずはステップ①の【**文章全体の意味を読みとる**】だ。どれに当てはまりそうかな？

 えっと、「LINEが単独1位をキープしている」ということは、A＝Bの「状態」ですか？

 そうだ！　次はステップ②の【**キーワードを書き出す**】だ。

 大切なキーワードは、「国内SNS」「LINE」「アクティヴユーザー数」「1位」でしょうか？

国内SNS

アクティヴ
ユーザー数　　1位　　LINE

いいぞ！　次はステップ③の**【囲み、矢印、人で表す】**だ。ここからは囲み、つなげる。

国内SNS

アクティヴ
ユーザー数　1位 = LINE

 最後にメリハリをつける。強弱をつけて、ひと目でわかるようにしよう。

国内SNS

アクティヴ
ユーザー数　1位 = LINE

 か、書けた！

 グッジョブ！　メリハリをつけるときに何をどうしたらいいか迷うこともある。そんなときは**「この文章を図にすることで何を一番伝えたいか」**を考えよう。

練習問題 ❷
Facebook を図解しよう！

 どんどんトレーニングを積もう！ 次はどうだ？

> **お題** Facebook のユーザー離れが顕著で、国内月間アクティヴユー
> ザー数は 2800 万人から 2600 万人に減少した

 よし、ここからはひとりでやってみろ！

 はい！ これは変化を示しているので、矢印でわかりやすくしよ
う。キーワードの抜き出しはこんな感じかな。

Facebook
国内 月間
アクティヴ
ユーザー数　　　2800万人　　　2600万人　減少

 あとは囲んで矢印を加えて、

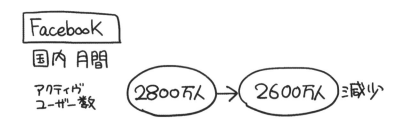

 さらに強弱をつける。

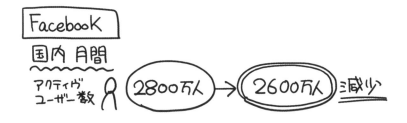

 できました！

 おお、よろしい！ スピーディーにできたな。おや？ 後ろに隠したものは…？

 う！

 見せなさい！

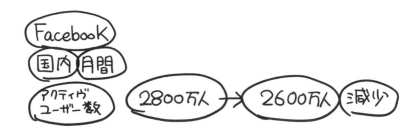

 じ、じつは囲むときに**全部が大事な気がしてすべて囲んでしまったんです。** そしたら逆に大事なことがわからなくなって、書き直したんです。

 そうだったのか！　いや、よく気がついたな！　どれを囲んだらいいのかわからず、囲みすぎるのはよくあることだ。

 よかった（ホッ）。

 「最優先事項は囲む」「囲むとしても並列ではないものは違う形にする」を心がけよう。**「すべてを同じ囲みで表す＝何も囲んでいない」** とさえ言える。

 やっぱり、なんでもかんでも囲んじゃったらダメなんですね。

 ポイントをつけたければ下線で強調するのもよい。「囲まない」という選択肢も頭に入れておこう。

練習問題 ③
いろんな SNS を図解しよう!

 よしよし、どんどんやろう! 次はこの文章だ!

> **お題** ひとりのユーザーに、Facebook、Twitter、LINE、インスタ、YouTube といった SNS から多くの情報がインプットされている

 横にどんどん広げて書くと左右に長い図になりそう。ユーザーに矢印が向かう**「収束」の形**かな……。キーワードはこう。

ユーザー

Facebook　Twitter

LINE　インスタ　YouTube

 こんな感じで、囲みを入れて、

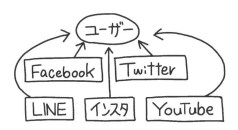

図形ばかり並んでいて中心がわかりにくいから、

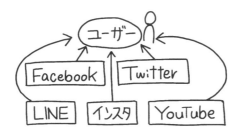

 人のアイコンを置いて、他要素との並列感をなくす！

 よし！　やればできるじゃないか、田中！

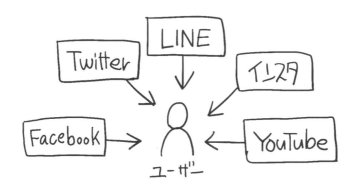

 ブラッシュアップの一例だ。ユーザーを中心に配置し、集中している状態を強調している。短縮しても通じる固有名詞は短縮してもいい。

文章図解トレーニング
【初級の６問】

 さあ田中、今から実際にやってみよう。

 う、怖い。

 怖くないっ。まずは文章を読み、それを図解するトレーニングだ。

 は、はい、やってみます。

 なるべくスピーディーに書くことが重要だ。次の「聞きながら書く」へつなげるためにな。トレーニングの手順を説明する。

● 紙とペンを用意する
● タイマーをセットする
● 問題文を読んで、図解する
● 解答例を確認する

 「なんでも図解」に正解・不正解はない。「わかりやすいか・伝わるか」という点で自分の書いたものと比較しながら確認しよう。もちろん書き方はひとつではない。

❶～❻の文章を、図にしてみよう

目標完成時間1問20秒　全6問

❶ 少数派と多数派の対立
ヒント：「対立」がポイント

❷ 上司と部下の1対1の話し合い
ヒント：役割の書き分けを難しく考えない。
　　　　一方的な話しかけではなく、「話し合い」

❸ 社長はアメリカ帰りで独身
ヒント：絵にするのが難しいときは……

❹ この農業プラントは、光・水・風を自動制御します
ヒント：並列の要素

❺ 会社は品川区から港区へ移転したが、2年後の移転は中央区に
なるかもしれない
ヒント：未来、未定の表現

❻ 都市には、商業、医療、福祉、教育、交通、住宅などが集中
している
ヒント：集中の表現

1 解答例

少数派と多数派の対立

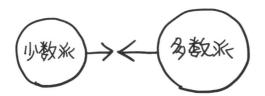

解説

 囲みの大きさを工夫してみよう。

 同じ形で大きさを変えると量の違いが伝わりますね。

 うむ。少数派、多数派を伝えるために、囲みの円の面積に差をつける。そして、矢印で「対立」を表す。人のアイコンを使うと「量」としてひと目で伝わりやすくなる。

 こういう半円でもいいんですね。

② 解答例

上司と部下の1対1の話し合い

解説

 「上司」を書こうとすると難しくて手が止まりました。

 ふむ。例えば、**位置が違うだけでも立場の違いを表せる。**
図のように、上司をやや上の位置に配置して、関係を伝える
のもいいだろう。

 （ま、まさに上下関係……）

 より伝わりやすくするなら、一方に上司という言葉をプラス
してもいい。関係を表す矢印の向きは「双方向」を使おう。

③ 解答例

社長はアメリカ帰りで独身

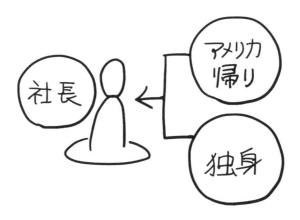

解説

 「アメリカ帰り？ 独身？ 社長？」って手が止まりました。

 囲みの出番だ。まず「アメリカ帰り」「独身」を同じ形で囲み、並列の要素であることを表す。そして、それが社長を構成していることを矢印で示す。

 指輪をしていない手を書こうとしてました……

 むう。**難しい絵で表そうとしないことがスピーディーに書くポイント**だ。忘れるな！

4 解答例

この農業プラントは、光・水・風を自動制御します

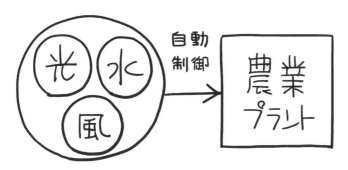

解説

 光と水と風は並列要素だ。囲み方を揃えて表現しよう。今回は一文字ずつだから問題ないが、場合によっては横長にならないよう工夫する必要もある。

 「農業プラント」は別要素だから、形を変えてと。

 田中、矢印だけでは意味が伝わりにくくないか？

 あ、「自動制御」がわからないですね。

 そうだ。意味を伝える重要なキーワードだから、矢印のそばに文字で補おう。

109

5 解答例

会社は品川区から港区へ移転したが、
2年後の移転は中央区になるかもしれない

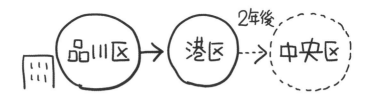

解説

 「2年後の移転」の矢印を点線にしよう。

 まだ中央区に移転してないですからね。

 そうだ。しかも、中央区になるかどうかもわからないからな。
だから**中央区の囲みも点線**だ。

 会社は「ビル」アイコンで表してもいいんですね。

 そうだ。文字で「会社」と書くのもいい。ただ、シンプルな
アイコンで書くとスピーディーに書ける。ビルのアイコンは
「会社」「仕事」「ビジネス街」などを表せるから便利だぞ。

6 解答例

都市には、商業、医療、福祉、教育、
交通、住宅などが集中している

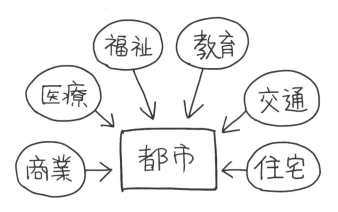

解説

 「都市」を下に配置しましたが大丈夫ですか？

 矢印の向きが都市に向かっていれば大丈夫だ。**中心となる要素から書き始めよう。**

 都市のまわりを囲むような感じで大丈夫ですか？

 いいぞ。並列の要素は同じ形に、そして「都市」は四角で囲むとわかりやすい。

4 日目の 8

文章図解トレーニング
【中級の5問】

 次の文章を図にしてみよう。今度はノーヒント！

QUESTION

目標完成時間1問60秒　全5問

1 楽天カードは、年会費無料で利用可能額は最高100万円、楽天プレミアムカードは、年会費11000円（税込み）で利用可能額は最高300万円

2 顧客を「泣かす」「笑わす」「ビックリさせる」ことができれば、そこに付加価値が生まれる

3 オークション開始時は3万円だった中古PCが2時間後に10万円になった。結局その1時間後に13万円で落札された

4 販促の手段としてサンプル配布、クーポン、キャンペーン、実演販売が挙げられる。これらはユーザーの購買意欲を促進する

5 ひとつの目標に全員が向かえばミッションを実現できる。しかし、向かう方向がバラバラで目標が見失われていると実現できない

※問題文①は「充実のサービスでワンランク上の毎日へ　楽天プレミアムカード」
https://www.rakuten-card.co.jp/card/rakuten-premium-card/?l-id=corp_oo_cchoice_detail_201710_pre_pc
（参照　2020-08-13）を参考に作成

1 解答例

楽天カードは、年会費無料で利用可能額は最高100万円、
楽天プレミアムカードは、年会費11000円(税込み)で
利用可能額は最高300万円

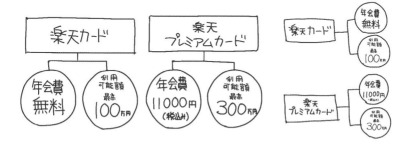

解説

 並列の要素を書くときは囲みの形を揃える。ですよね?

 うむ。「楽天カード」「楽天プレミアムカード」で使う囲みは
四角、それを構成する要素は丸(楕円)で統一感を出そう。

 僕は「楽天カード」「楽天プレミアムカード」を縦に並べ、要
素を向かって右に書きました。

 間違いではないが、**対比がわかりやすいのは横に並べた左
の図**だ。序列があるときや、時系列で表したいときなどに
は縦に並べるのが有効なことが多い。

2 解答例

顧客を「泣かす」「笑わす」「ビックリさせる」ことができれば、そこに付加価値が生まれる

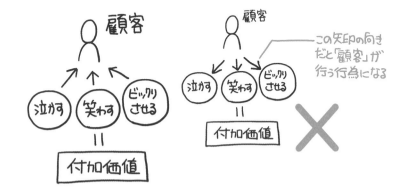

解説

 「泣かす」「笑わす」「ビックリさせる」は、顧客に向けてのアクションだから、**矢印は顧客に向ける形**にしたい。

 僕は右の図のように矢印の向きを逆にしていました。

 うむ、そうすると意味が伝わりにくい。「顧客に向けてのアクション」だということを矢印の向きで表そう。また、人のアイコンだけでは「顧客」であることが伝わりにくいので、文字で補足を入れるといいだろう。

3 解答例

オークション開始時は3万円だった中古PCが
2時間後に10万円になった。
結局その1時間後に13万円で落札された

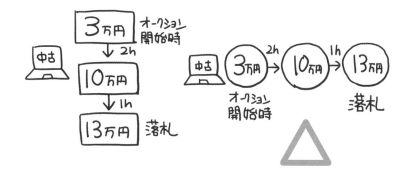

解説

 右図のように横に並べてもいいが、時系列の変化なので、**左図のように縦に並べたほうがわかりやすい。**

 囲みは丸でも四角でもいいんですね。

 揃っていれば大丈夫。PCは簡単なアイコンで書けるようになっておくと便利だ。補足の文言（2hなど）を囲むと逆にわかりにくくなるので注意しよう。金額は、数字を大きめに書くとわかりやすいぞ。

4 解答例

販促の手段としてサンプル配布、クーポン、キャンペーン、実演販売が挙げられる。これらはユーザーの購買意欲を促進する

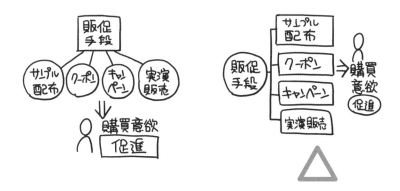

 「販促の手段」として4つの要素が並列に並ぶ。

 これは矢印にしないのですか？

 内容（状態）を表す場合は、線でつなぐだけで伝わることも多い。 ただし主従の関係がわかるよう、囲みの形は変えよう。2例作成した。

 どちらの形もわかりやすいですね。

 視線が自然に移動する、左の図のほうが一覧性がいいといえるだろう。

⑤ 解答例

**ひとつの目標に全員が向かえばミッションを実現できる。
しかし、向かう方向がバラバラで
目標が見失われていると実現できない**

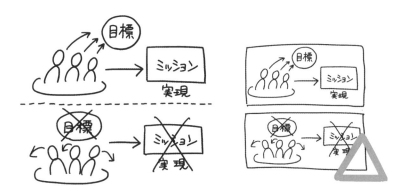

解説

 ひとつの目標に向かっている状態、あるいはバラバラな状態を表したいとき、人のアイコンを使うと表しやすい。

 なるほど！ **バラバラな状態は人のアイコンの向きを不揃いにすると伝わりやすい**んですね。

 2つの話は対比の状態にあるので、線で区切るとわかりやすい。それぞれ囲んでしまうと独立した話に見えてしまう。

4
日目

文章を読み、最速で作図する！

4 日目 の 9

文章図解トレーニング
【上級の2問】

 先生、も、もう限界です!

 弱音を吐くのはまだ早い!　あと2問、がんばれ!

QUESTION

目標完成時間1問120秒　全2問

1 家計から政府に税金が支払われ、政府は家計に公共サービスを与える。家計から企業へは代金、料金が支払われ、企業から家計へは商品・サービスが与えられる。企業から政府へは税金が支払われ、政府は企業に公共サービスを与える

2 サブスクリプションは定額のサービスで、利用者はモノを買い取るのではなく、モノの利用権を手に入れ、利用した期間に応じて料金を支払う

【例】
従来：映画館で映画を見る（1作品1800円）
サブスクリプション：オンラインで映画見放題（毎月1300円）

1 解答例

家計から政府に税金が支払われ、政府は家計に公共サービスを与える。家計から企業へは代金、料金が支払われ、企業から家計へは商品・サービスが与えられる。企業から政府へは税金が支払われ、政府は企業に公共サービスを与える

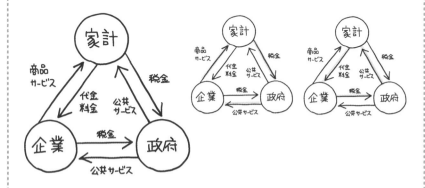

解説

 キーワードの「家計、政府、企業」をそれぞれ囲む。

 そうだ。それぞれのやりとりを双方向の矢印で表す。その内容はテキストで書いたほうが伝わりやすい。

 その補足を囲むべきか迷いました。

 うむ、**囲みが多すぎると逆に視認性を損なう。**この場合は補足が多いので囲まずに。外側の流れと内側の流れが一方向になるように書くと、循環の状態がわかりやすく表せるぞ。

2 解答例

サブスクリプションは定額のサービスで、利用者はモノを買い取るのではなく、モノの利用権を手に入れ、利用した期間に応じて料金を支払う

【例】 従来：映画館で映画を見る（1作品1800円）
サブスクリプション：オンラインで映画見放題（毎月1300円）

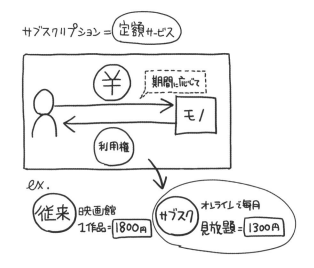

解説

 「サブスクリプション」＝「定額サービス」は全体を支配するタイトルとして上に置こう。

 利用者は人のアイコンだけで伝わりますね。

 「期間に応じて」は吹き出しと矢印で補足しよう。

桃太郎を図解してみよう

 何を絵（アイコン）にして、何を文字で書くのか……。アイコンもまだ使いこなせる気がしません。

 「図解する目的」を明確にしよう。これを見てごらん。

[桃太郎]

シンプルな[桃太郎]

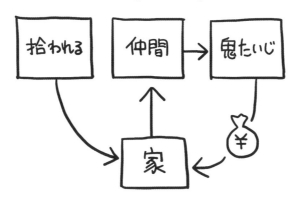

え、同じ桃太郎……ですよね？

 そうだ。両方とも桃太郎の話を書いている。同じ話でも表情豊かなアイコンが書かれている図と、単語や図形でシンプルにまとめられている図とでは印象がまったく違うだろう。

 確かにこの楽しそうな絵だとツッコミどころが満載ですし、イメージも広がります。

 そうだ。しかし後者だと……

 かっちりとしたビジネスモデルに近い感じに見えます。でもこの図から、話の構造がクリアにわかる気がします。

 この２つの違いは何だと思う？

 絵（アイコン）が多ければ親しみがわく、シンプルにすると話の骨格がわかりやすい……でしょうか？

 そうだ。同じ内容でもわかりやすいビジュアルが多いと受け止める場が活性化しやすい。シンプルにすれば構造の理解がしやすくなる。

 なるほど。

 もちろんこれは二極化するものではない。その図解をどう活用したいのかを考え、アイコンを多めに、テキストを多めにといった「表現の取捨選択」をしよう。

そうすると、活性化したいミーティング（アイデアブレストなど）ではアイコンや絵の要素を多めに入れる。逆に収束したい場面ではエリア分けや囲みをしっかりとって構造化する、という選択ができますね。

 その通り！　その場の目的に合わせて表現のギアチェンジをするイメージだ。

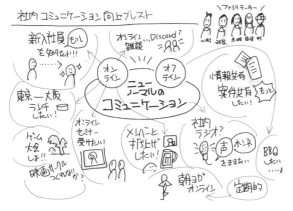

例：社内コミュニケーションのオンラインブレストをリアルタイムに書くときは、意見が出やすいようにアイコンや吹き出しを活用。グルーピングや書き込みがしやすいよう余白も十分にとりながら書く

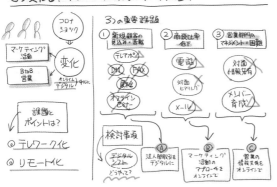

例：テレワークで大きく変化するマーケティングや営業についてのセミナーを記録したもの。会議に出ていないスタッフにも共有できるよう、キーワードを丁寧に拾い、構造化をしている

人の話を聞きながら
リアルタイムで作図しよう。
コツは「キーワード＋余白」。
聞きながら書くための
反復トレーニングに進むぞ！

なんでも図解

5 日目

話を聞きながら
図解するコツは
「キーワード＋余白」

5 日目 の 1

現場は待ってくれない。
リアルタイムに書けなければ
意味がない！

 短い文章や単語を「読んで」図解するコツはマスターできたようだな！　では次だ。田中はどんなときに「これ、書いて見せたほうがいいな」と感じる？

 会議やミーティングで**「なんか噛み合わないなあ」って感じたとき**ですかね。

 うむうむ、会議やミーティングの場では、お互いの認識を合わせ、それを議論のベースにする必要がある。**迷ったときはリアルタイムで図解するのが一番**だ。

 そうですね。先日、オンラインでグループインタビューをしたんです。

 ほうほう、どうだった？

 ガンガン発言されると、うなずくことしかできなくて。後から、「どんな意見が出たんだっけ？」という状態によくなります。**PCに打ち込んではいるんですが、見返す気になれなくて。**後から「図」にしようと思っても、どこから手をつけたらいいかがわからなくて、心が折れます。

そうだな。もちろん、後で振り返るための記録も大切だ。オンライン会議では録音、録画もできるが、見返す時間が惜しくないか？

 はい。それに録音を聞いても、誰が何を言っているかがわからなくなるし……

 うむ。その場で書いて共有する「なんでも図解」は、まさに、待ったなしの現場で使えるスキルと言えよう。「聞きながら」図にするステップはわずか３つだ。

 「見ながら書く」のと「聞きながら書く」、その**最大の違いは結論が見えない点**だ。だが基本は変わらない。

① まずは聞きながらキーワードを書いていく

② 囲んで「要素」にする

③ 矢印で時系列や関係がわかるようにつなげる

 コツを教えてください！

 うむ、安心しろ。合言葉は**「キーワード＋余白」**。これで完璧だ！

 余白……？

 そうだ。今から余白の極意を授ける。

5 日目 の 2

余白が欠かせない
3つの理由

 よし、余白の極意を教える。次の文章を例に説明しよう。

> **お題** Uber Eats はスマホで通知を受け、飲食店で料理を受け取り、注文者へお渡しします

✕ 余白を空けない	○ 余白を空ける

囲みや矢印が書きにくく、図解そのものが難しい

囲みや矢印が書きやすいので、構造や関係性がわかりやすい

 ほんとだ！ 余白の有る無しで、全然違いますね。

 余白が必要な理由は3つある。

後から文字を囲みやすい

 後から時系列や因果関係の矢印が書きやすい

③ 最後まで聞かないと結論がわからないときも、余白があれば情報を書き加えられる

余白ってどうやって空けたらいいんですか？

よし。次の文章で考えてみよう。

> **お題** 環境問題へのアプローチは、「意識」「技術」「法制度」の3要素がある
>
> 「持続可能な社会にアプローチする3要素」
> https://shacho.green2050.co.jp/%E3%81%9D%E3%81%AE%E4%BB%96/2007（参照 2020-08-13）を参考に問題文を作成

この文章を読んで図にするなら「結論がわかってから書ける」ので、包含の状態を意識して余白を空けることができる。

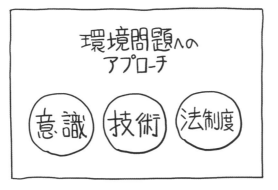

では、聞きながらだとどうなるか……。**リアルタイムに話が進むのでいきなり整った図にはできない。**聞きながらキーワード

を書くしかない。

そ、そうか。順に書いていくしかないですね。

「３要素がある」を聞き取った時点で、関係性がわかる。この内容なら３要素（意識）、（技術）、（法制度）が並列だから、同じ形で囲むことができる。

さらに「環境問題へのアプローチ」という主語が後の３要素を含んでいるので、それがわかるように大きく囲む。これで完成だ。

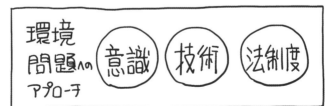

余白はどれくらい
空ければいいのか？

 余白が重要なのはわかりました。どれくらい空けたらいいんですか？

 最低でも、文字の大きさの1文字分は空ける。しかし、これは矢印や記号を入れなくてもよいシンプルな内容のときだ。できれば平均1.5文字分は空けたい。**推奨は2文字分だ。**矢印の補足を言葉で入れることができる。

 確かに2文字分あったほうがわかりやすいですね。

 例文で実践してみよう。

お題 新しい道路の工事費は国と自治体が負担、2：1の割合で、国が2、自治体が1の負担となる

新しい道路　　工事費

国　　自治体

2：1

 なるほど。結構空けるんですね。なんか寂しい感じが……

 そうだ。これぐらいないと、囲みや矢印がうまく入らない。実際にやってみるぞ。

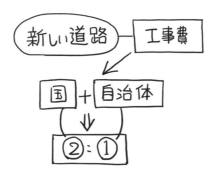

 ほんとですね。これぐらいの余白がないと、囲みと矢印が入りませんね。

 だろう？　**常に2文字分の余白を意識するように！**

5 日目 の 4

キーワードを
スピーディーに書くコツ

 長い単語や専門用語はどうすればいいですか？ リアルタイムで書くのは難しい気がします……

 よし。次の例文で練習してみよう。瞬時に書ききれない長い単語なら、**頭文字を書いて残りは空白に。そして記憶が残っているうちに補足**する。

> **お題** 光と水と風を自動制御するパッシブハウス※型農業プラント
>
> ※一定の性能基準を満たす省エネルギー住宅

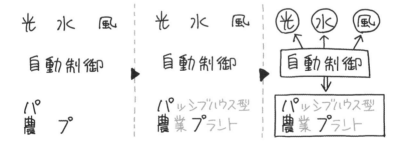

 繰り返される長い社名などの固有名詞は、短縮して書いて後から補足する。「減った」「増えた」は－（マイナス）や＋（プラス）で表すなど、記号を有効活用する。

これなら素早く書けそうです。

 覚えておくと便利なのは、**「例えば」**は「ex.」、**「おおよそ」**は**「≒」**、**「同じではない」**は**「≠」**などだ。

 なるほど。便利ですね。

 基本的に結論がどうなるかわからないときほど素直に単語を書き出そう。しかし、すべてを書くのはマストではない。

 例えば、「今日の会議」というワードは、その場にいる当事者にはそれほど重要ではないかもしれない。日付を後から足すなどが必要になるときもある。

> 「これまで、営業時間、品揃えなど、
> あらゆることが企業の都合で動いてきた。
> しかし、これからはいかに顧客に合わせられるかが
> 勝負になる」
>
> ↓
>
> 「これまで、営業時間、品揃え など →…
> あらゆることが企業の都合で動いてきた。
> しかし これからはいかに顧客に合わせられるかが
> 勝負になる」

 省く文字、省かない文字の参考だ。青線で消したワードは、省いても意味が通じそうなもの。四角で囲んだ「など」「しかし」は文脈に影響すると考えられる。**文字そのものは書かないとしても「…」で表すのも手だ。**話の切り替わりポイントでもあるので、余白を空けておこう。

5 日目 の 5

聞きながら図解するコツ 「発言者を明確に」

 さあ、実際に聞きながら書いてみよう！ 「会話」の場合、図解するときもその基本は変わらない。

1 まずは聞きながらキーワードを書いていく

2 囲んで「要素」にする

3 矢印で時系列や関係がわかるようにつなげる

 そしてここに**「発言者を明確にする」**というポイントが加わる。

 「誰が言っているか」をはっきりさせるわけですね。

 そうだ！ 次のような会話を聞いて図解するシチュエーションをイメージして欲しい。

> **お題** A さん「このお店で人気のおでんの具はなんですか？」
> B さん「大人は大根　牛すじ　糸こんにゃくですが
> 　　　　子どもは　ウィンナー　玉子　はんぺんですね」
> A さん「おでんひとつでも大人と子どもでは対照的ですね」

 こんがらがってきました。これ、どんな図になるんでしょうか。キーワードも何を拾えばいいのか……？

慌てるな。まずキーワードを拾おう。この場合は「人気のおでん」「大人」「大根」「牛すじ」「糸こんにゃく」「子ども」「ウィンナー」「玉子」「はんぺん」「おでん」「対照的」だ。青字は後で書き足したものだ。

このお店
人気　おでんの具　？

　　大人　大根 牛すじ　糸こんにゃく

　　子ども　ウィナ　玉子　はんぺん

おでん　大人　子ども

対照的！

 おおおっ。これだけでも何となくわかりますけど、後から見直すと混乱しそうですね。

 そうだ。だから、キーワードを囲んで、矢印でつないでみよう。やってみろ！

はい！

 このお店
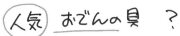 人気 おでんの具 ？

 大人 大根 牛すじ 糸こんにゃく

子ども ウィンナ 玉子 はんぺん

 おでん 大人 ⇄ 子ども
対照的！

 よしよし。ここからさらにわかりやすくするぞ！

 い、いったいどうすれば……？

 「Aさんの発言」と「Bさんの発言」とを明確にしよう。ゼロワンくんと線を使って、区別するんだ！　ペンの色も変えてみよう！

 グレーのペンでやってみます！

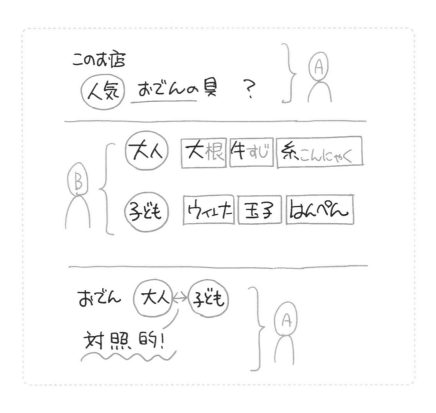

 いいぞ！ 話す人や話す内容を明確にするために、**書き出しをず
らして余白を多めにとると発言者ごとにグルーピングしやす
い。**次はトレーニング問題だ！

 はい！

 次の「聞いて書く」トレーニングでは、一度文章をスマートフォ
ンなどに録音し、それを聞きながら書いてみよう。

「聞きながら書く」力を鍛える 5つの練習問題

QUESTION

目標完成時間1問60秒　全5問

進め方：文章をスマートフォンなどで録音し、それを聞きながら図解する

① テレワークに欠かせないものはネット回線とノートPC。あと、孤独に負けない心も欠かせない

② オンライン授業には「双方向ライヴ型」と「動画配信型」がある

③ 外食業では、今までの対面でのサービス提供からテイクアウトへの移行などの工夫が生まれている

④ 昨年の冬、ユニクロでは「ペイペイ」で「ヒートテック」を購入すると、もう1枚のヒートテックが無料となるキャンペーンが好評だった

⑤ 一方で、客単価は7.1％減った。4カ月連続のマイナスで、2017年3月以来の減少幅となる。気温の高い日が多く、ダウンジャケットを中心に比較的単価の高い冬物商品の販売が振るわなかった

※④と⑤の問題文は『日本経済新聞』2019年11月5日「ユニクロ、10月売上高1.9％減　天候不順で冬物苦戦」
https://www.nikkei.com/article/DGXMZO51803070V01C19A1H63A00/（参照2020-08-13）を参考に作成

1 解答例

**テレワークに欠かせないものはネット回線とノートPC。
あと、孤独に負けない心も欠かせない**

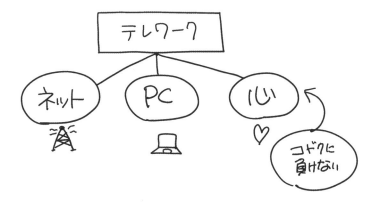

解説

 長いキーワードは適宜省略する。ネット回線はネット、ノートPCはPCなど。必要に応じて後から書き加えよう。心についてはハートを書き添えて補足している。

 僕、とっさにアイコンを書く自信がありません。

 補足はテキストでも大丈夫。早く書けるほうを選ぼう。

 あ、孤独を「コドク」とカタカナにしていますね。

 そうだ、**画数が多い漢字はカタカナで書くのもいいぞ。**

2 解答例

オンライン授業には「双方向ライヴ型」と「動画配信型」がある

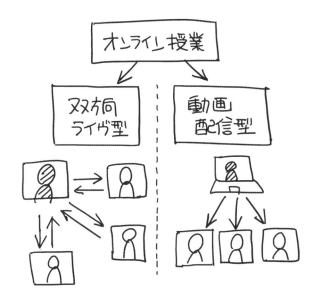

解説

 「オンライン授業には」と聞いたところで、「これが主語かな？」とアタリをつけ、「双方向ライヴ型」と「動画配信型」を並列に書く。

 四角の形が微妙に違いますね。

 横長な四角と縦に長い四角。形に差があれば違う役割であることを表せる。必須ではないが、それぞれの特徴を人のアイコンで表す補足をつけている。

3 解答例

**外食業では、今までの対面でのサービス提供から
テイクアウトへの移行などの工夫が生まれている**

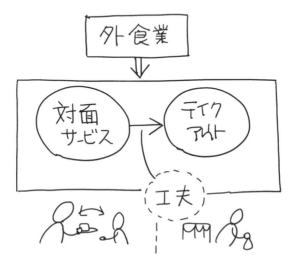

 キーワードを拾ったら、「対面サービス」から「テイクアウト」への変化を矢印で表す。外食業と下のブロックをつなぐ**矢印は二重線にして大きな流れを表そう。**

 「対面サービス」と「テイクアウト」を人のアイコン＋矢印で表すのも違いがわかりやすいですね。

 「〜などの工夫」はやや含みをもった表現だ。点線で囲み、「移行」を示す矢印でつなごう。

④ 解答例

昨年の冬、ユニクロでは「ペイペイ」で「ヒートテック」を購入すると、もう1枚のヒートテックが無料となるキャンペーンが好評だった

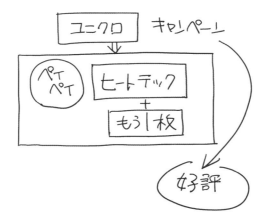

解説

 ペイペイはアルファベットで書くか迷ったんですが……

 意味が通じること、早く書けることを基準に判断するんだ。
それぞれを要素として囲んだ後に、「ペイペイ」「ヒートテック」「もう1枚」はキャンペーンの内容を表すブロックとしてひとつに囲む。「キャンペーン」と「好評」を矢印でつなぐと結論がわかりやすくなるぞ。

5
日目

話を聞きながら図解するコツは「キーワード＋余白」

5 解答例

一方で、客単価は7.1%減った。4カ月連続のマイナスで、2017年3月以来の減少幅となる。気温の高い日が多く、ダウンジャケットを中心に比較的単価の高い冬物商品の販売が振るわなかった

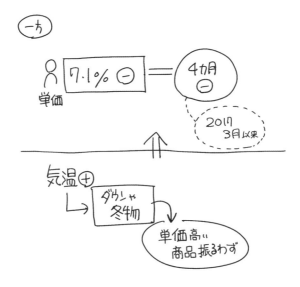

解説

 「顧客単価が減少した」と「4カ月連続のマイナス（マイナスは記号で表現）である」を二重線でつなぎ、**「2017年の3月以来」を補足として点線と囲みで入れる。**

 結果部分と「暖冬＆高単価商品の売れ行きが振るわなかった」という原因部分を実線で分け、二重の矢印でつながりを表現するんですね。

田中、チャレンジしてみてどうだった？

ええと、「あの漢字はどう書くんだっけ？」と考えている間に言葉が進んでしまって慌てました……。

漢字を思い出そうとするとキーワードが書きとれなくなることも多い。そんなときはカタカナで書いて、必要に応じて後から補足しよう。

あと、間違えたときに「あっ、間違えちゃった！」とパニックになって後が続かないこともありました。

間違いは二重線で訂正だ。間違ったことがはっきりわかるようにしておこう。

慌てないことが大切ですね！

そうだ。最初は殴り書きに近くてもいい。**文字を追いきれなくなったら、一度手をとめてじっくり内容を聞く。**その後、頭の中で整理してから書くのもいい。

なるほど、一度聞いてから頭の中で図にする。やってみます！

「聞いて書く」は
昔話や友人との会話で練習する

 自宅でできる「聞いて書く」練習方法はありますか？

 うむ。最初は、朝のニュースや YouTube のトークを書くのはオススメしない。

 えっ、プロの話って滑舌いいし、聞きやすいですよ。

 テンポよく耳に入る言葉は、ついていくのが苦しい。

 確かに……。ニュースって結構早口ですよね……

 キーワードを聞き取る練習ならば、テンポがゆっくりな昔話の朗読や、短い童謡がオススメだ。

 えっ、仕事に関係ないものでもいいんですか？

 うむ、最初はハードルを上げないほうがいい。昔話なら桃太郎で練習してみよう。同じ話を何回も書いて、改善点を探すのも効果的だ。もうひとつ、実際に人と話しながら書くのもいいトレーニングになる。書いたものを見せて「今の内容はこういうことですか？」と確認もできる。

 なるほど！

 まずは友人の話を図解してみよう。

話の内容はなんでもいいんですか？

 例えば「旅行の持ちもののリストアップ」だと、並列の関係を書き出す練習になる。「旅行の思い出」なら、時系列を表す矢印を使いこなす練習になるぞ。

 なるほど、それならオンラインでも練習できますね。

 慣れてきたら、3人、4人と登場人物を増やしてチャレンジしてみよう。

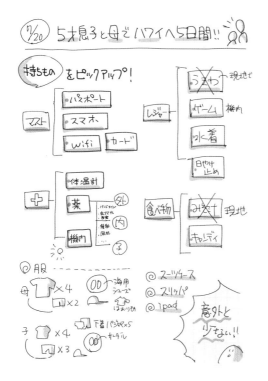

例えばこんなふうに書いてみよう
「5才の息子と母でハワイへ5日間・持っていくものピックアップ」

どこから書く？

考えている間に話は進む。

「型」を知って迷わず書け！

なんでも図解

6

日目

会議や打ち合わせでも
慌てず図解する

エリア分けができれば、
長い打ち合わせでも図解できる

 さあ、今日は今までより長めのトークを図解しよう。セミナーを記録するとき、クライアントの要望をヒアリングするときなどにもってこいだ。

 今まで「聞いて書く」トレーニングをしてみて、「これ、短いから書けるけど、長文とか複数の人の発言になったらどうしよう」という不安があります。

 そうだな。今までの基本に加えて、今度は少し長い内容を書いていく。

 基本は変わらない。今回加わるポイントは次の2つだ。

● エリア分け

● 「3つの型」を装備

 おおっ！　なんか、かっこいい！

 まずは「エリア分け」からだ。次の例文を見てくれ。こういう複雑な話を図解するときは、エリア分けが欠かせない。

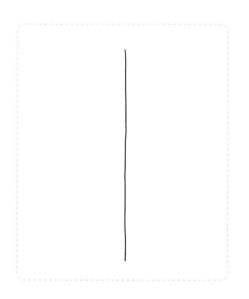

> **お題** シェアサイクルとは、自転車を貸したい人と自転車を借りたい人を結んで、web上で事前決済して利用するシステムです。良い点は、便利という他に、新しい都内のスポットを発見できるなどの声も。問題点は、元の場所に返さない人がいるなど、一部のマナーの悪さ。最近は貸す側として民間企業や地方自治体の参入が増えています。始めの30分は150円程度と、リーズナブルで評判です

 まず、中心に線を引いて、分割する。

 エリア分けをすると、強制的に行変えが必要になるので一行が短くなり、要素のブロック分けがしやすくなる。**線は縦長のときは1本、横長のときは2本が目安だ。**

 エリア分けをしただけで、いい感じになってきました！

6
日目

会議や打ち合わせでも慌てず図解する

では、左上から書き始めよう。シェアサイクル、貸したい人、借りたい人など、長めの単語は頭文字を書きとめる。どんどんキーワードを拾っていこう。

 省略したら後から意味がわかるように書き足す、ですね！

シェア

自転車　　　　　　　貸す側

借　　　貸　　　　　民間　　地方
　　　　　　　　　　　　　　自治体
　　web決済

便利　　　　　　　　　　増えている
都内スポット

　　　　　　　　　　はじめ
元の場所✕　　　　　30分　　150円

　　　　　　　　　　リーズナブル

話が変わったなと思ったら、余白を大きく空けよう。後から整理しやすい。囲み、矢印で要素と関係がわかるようにしていく。

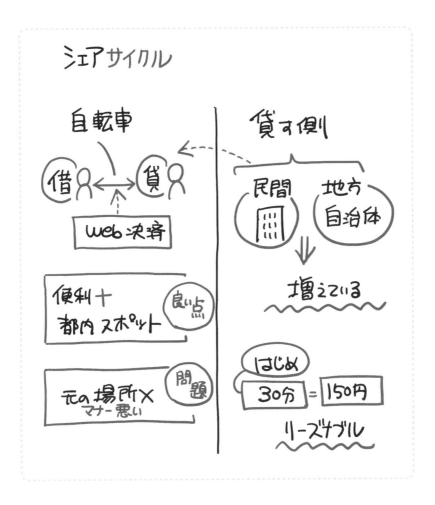

 とりこぼしてしまったキーワードを補足しつつ、囲み、矢印を入れていく（グレーの文字が後から書き加えた要素）。

話の変わり目に線を入れる、あるいは囲むなどしてエリアを分ける。すると話全体の流れや内容がわかりやすくなる。

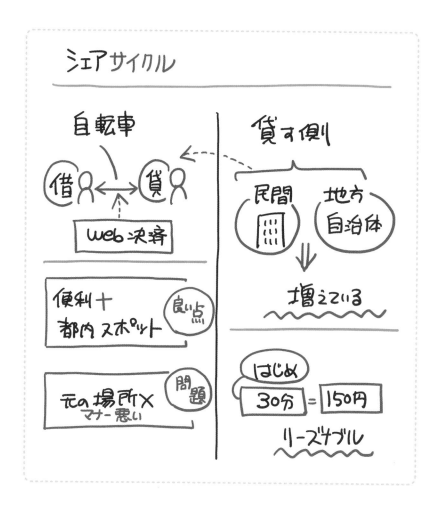

 要素がたくさんあるのに、すごく整理されていますね！

3つの型を装備せよ！

① 時系列型

 田中、いきなり「これから話すことを記録せよ」といわれたらどうだ？

 ビビります。白い紙を目の前にするとどこから始めていいのか、頭の中も真っ白になるかも……

 うむ。しかし、「型」を知るだけで一気に変わるぞ。真っ白にならずに「聞いて書く」ことができる！

 「型」？

 大きく分けて3つ。**時系列型、発散型、ランダム型**だ。まずは時系列型からいこう。これは「流れが大まかに予想されるときや議題、テーマが明確なとき」に使う。

 セミナーや会議なんかに使うイメージでしょうか？

 そうだ！　スペースを2分割あるいは3分割し、時系列にそって書いていく。話が変わったと感じたら、隣のブロックへ。もしも話がブロックを跨いだ場合は矢印でつなぐ。タイトルを目立たせテーマを明確にし、分割によって大まかな流れを作ると、情報量が多くても見やすくできる。

155

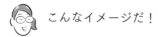 こんなイメージだ！

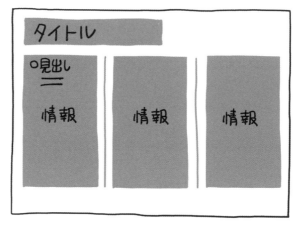

① タイトル ② 見出しをつける（下線などで目立たせる） ③ ページ数

④ スペースを空けておく

⑤ 分割線は2～3本

 おおおっ！ わかりやすい！

 ポイントをまとめた。しっかり叩き込め！

① タイトルは本文の1.5倍くらいの大きさで。データで残しても後から見つけやすい

② 見出しをつける。後から下線や行頭文字を加え、差をつける

③ ページ数も重要。内容を見返しやすい

④ タイトルと本文の間は特に意識してスペースを空ける。後から情報を付加しやすい

⑤ 横型の場合は3分割がオススメ

 見出しは後から目立たせるんですね。勉強になります！

セミナーを図解した実例を見せよう。トレーニングを重ねれば、田中も必ず書けるようになるぞ。

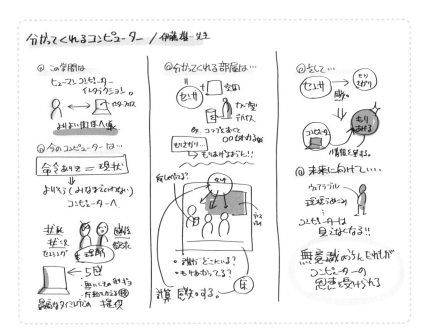

次は会議を図解するときのポイントだ。上司の自慢話といった
「余談」に備えてスペースを必ず作っておく。また、次回のテー
マや結論の補足などを書くスペースもあらかじめ作っておこう。

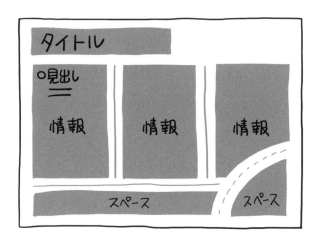

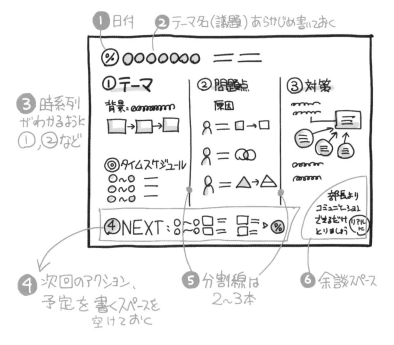

僕の上司もいきなり仕事に関係ない話をしたりします……。スペースが重要なんですね。

 まぁ、本当にどうでもいい話は書かなくてもいいがな。ポイントをまとめたから、よく読んでおくように！

① 会議では日付は特に重要。後から検索しやすい

② 議題も大きく書いてテーマが明確に伝わるように

③ 会議は流れが行ったり来たりすることがある。話の順番に数字をつけるとわかりやすい

④ 下部は、結論やネクストアクションが書けるスペースを空けておく。分割線をあらかじめ引いてもいい

⑤ 分割線は横型の場合は2本、長時間の場合は3本が書きやすい（分割が多いほど情報量が多めに入る。どうしても1枚にまとめたいときに）

⑥ テーマがそれている意見が出たら余談スペースに書く

3つの型を装備せよ！

② 発散型

次は「発散型」だ。主にブレストなどのアイデア出しに使う型だ。時系列型と違って、あえてエリア分けはしない。「自由に発言できる」スペースを用意する（分割線がないので考えを最初から分類せず書きとめられる）。

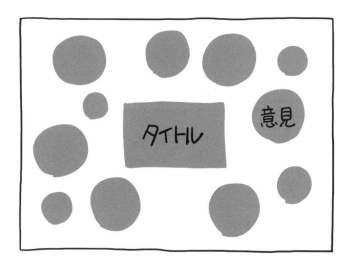

箇条書きで書かない分、後から共通の囲みでグルーピング（近い意見を関連づける）や線で意見を結びつけることができる。

テーマがぶれないよう、中心にタイトルを書いておく。出た意見はあえてランダムに書いていく。

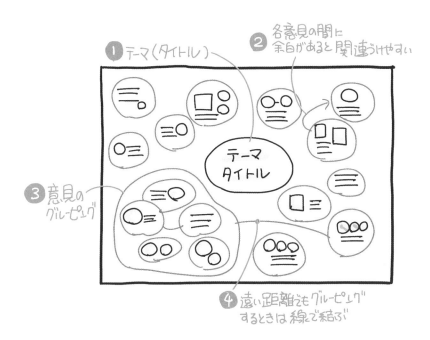

① タイトルは本文の中心に、テーマを目立たせ議論がぶれないようにする

② 意見と意見の間にしっかり余白

③ 後から囲んだり結んだりといったグルーピングをする

④ 遠い距離に内容が近い意見があるときのグルーピングは線で結ぶ、色の同じ線で囲むなどでわかりやすく

3つの型を装備せよ！

③ ランダム型

最後は「ランダム型」だ。アイデア出しをしながら打ち合わせをするときやフリートーク形式のユーザーインタビューなどに使える。

どうなるか先が読めないときに使うんですよね？

そうだ。予想のできない会話では「時系列がわからなくなる」「誰の意見かわからなくなる」「事実と感想が入り混じる」といった事態が起きる。次のように書くのがオススメだ。

こ、これは！ 余白の位置が変わっていますね。

 聞きながら書くエリアと、後から補足を書くエリアを最初に明確に分ける。逆L字型の余白を準備するわけだ。余白への書き込みと時系列がわかるような順番づけで、会話の先が予測できないフリートーク式のインタビュー、ミーティングの内容をカバーできる。例をあげよう。

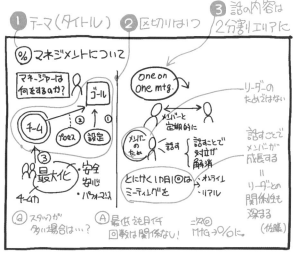

構造化の
↓ ポイント

① 重要なポイントは
二重線で囲む、
下線で強調など

② 誰の発言かわかる
ようにメモ

③ 時系列がわかるように
順番を書き込む

④ 関連のある内容を
グルーピング=同じ色で
囲む、線で結ぶ

 えっ？ えっ？ 何をやっているかよくわかりません。どうやって書いているんですか？

 諦めるのが早すぎるぞ！ 順を追って説明するから、よく聞いておくように！

まずはベースからだ。

1 テーマ（タイトル）は上部に明記

2 区切り線で2分割する。向かって右と下部に逆L字型の「余白」を作っておく

3 話の内容は2分割されたエリアに書く

4 余白に、後から出た意見や質疑応答を書き込む

 次は後からの構造化ポイントだ。

1 重要なポイントは後から強調（二重線にする、下線を引くなど）

2 誰の発言かがわかるように余白にメモ（登場人物が多いときなど）

3 時系列がわかるように順番を書き込む

4 関連のある内容をグルーピング＝同じ色で囲む、線で結ぶ

 リアルタイムで全部書くんじゃなくて、後で仕上げるんですね？

 そうだ。とはいえ、後から加えるのは二重線や囲みだから、大切なポイントはしっかりおさえておく必要がある。

 ですよね……！　余白はどう考えればいいんですか？

 余白は「意見を後から書き込む」「聞き逃した部分を確認して書き加える」「疑問点を質問して回答を書き込む」といった用途で使おう。書いたものにどんどん書き込み、議論のベースにする。

アイコンや絵が多いときこそ時系列を強調

「どこからどう見たらいいのかわからない」図解になるときもある。自分ひとりの「頭の中の整理メモ」はともかく、人に見せて説明するときや、その図解がひとり歩きするときは時系列を強調するのがいい。この例を見てごらん。

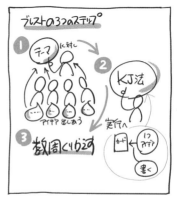

順番を書くだけでわかりやすくなりますね！

そうだ。聞きながら書くと、きっちり揃えて書くわけにいかない。とっちらかった図解では本人以外はわからない。だから順番を入れ、矢印でつなぐとわかりやすくなる。

なるほど……やってみます！　あ、そうか、時系列を表す順番も数字も余白がないと書けないんだ！

そうだ。後からわかりやすくすることを肝に銘じて、しっかり余白を空けるんだ！

今度はビジネスの現場をイメージしながら、
実際に聞きながら書いてみよう!

7

爆速で書け！
アウトプット地獄

7

日目 の 1

商品やサービスを図解する❶

「Alexa」

 ここまでよくがんばった！ 最後はビジネスに即したお題を図解してもらう！

うううう、できるかな。

 大丈夫だ！ 自信を持て！ 進め方はこうだ。

1 QRコード、もしくはURLから動画にリンク

2 動画の音声を聞いて書いてみる（画面は見ない）

3 動画の解答例を参考に納得いくまでトライする

 QRコードは、スマートフォンのカメラで読みとるんですよね？

 そうだ。カメラをかざして読みとると、次のような画面が出てくるからタップする。すると動画のサイトに飛ぶ。

WEBサイトQRコード
"egakou.com"をSafariで開く

 わかりました！

さっそく問題だ！

問題文

URL ▶ https://egakou.com/01alexa

 　Alexa は、Amazon が提供する、クラウドベースの音声認識サービスです。Amazon Echo は、Alexa に対応した代表的なデバイスです。例えば、Amazon Echo に「音楽が聴きたい」と話しかけると、その音声は Alexa によってテキスト化されます。その情報は Amazon Echo に戻され、「音楽が聴きたい」という命令を実行します。他にも、家電の操作、ビデオ通話、アマゾンでの買い物などが、呼びかけるだけで可能です。

 まず、中心に分割線を引く。向かって左上から書き始める。

中心に線を引くときは、目安に上と下に点を打って下の点を見ながら一気に結ぶと比較的まっすぐに引けるぞ。

 完全フリーハンドより、目安があったほうが引きやすいですね！

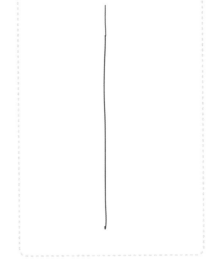

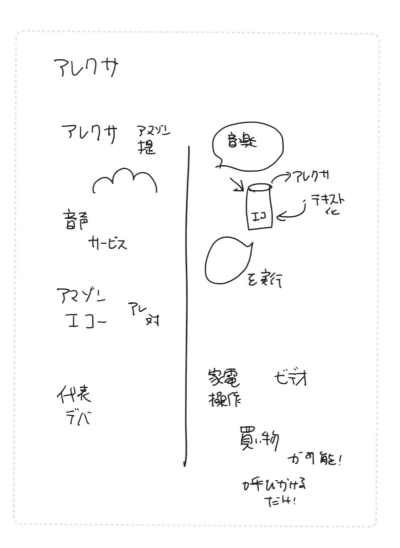

 音声に沿ってキーワードを書く。そのときに矢印を書きとめても よし、後から書き入れてもよし。**単語の頭文字だけを書きとめ、 音声に置いていかれないようにする。**これはいったん話が終 わったときの状態だ。

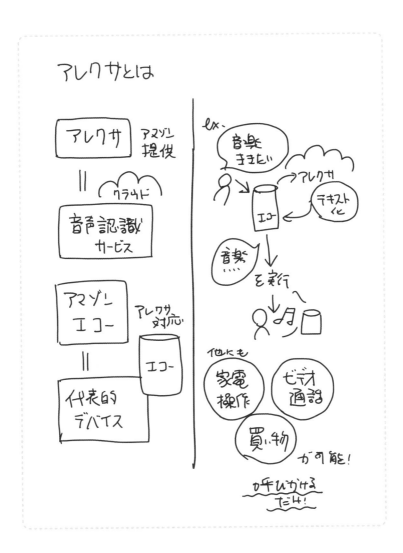

 抜けている文字を書き加えよう。「囲み、矢印」を加えて関係を
明確にするのだ。

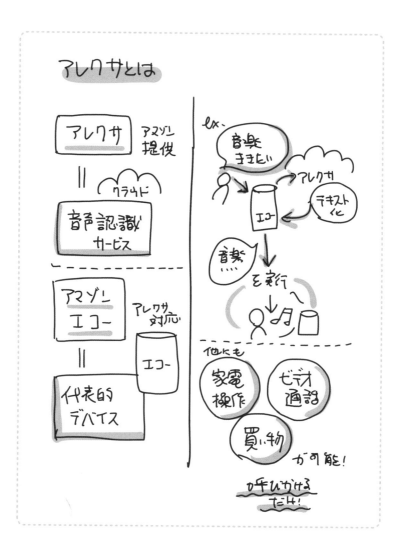

 次に文脈をわかりやすくするために、**話が切り替わった箇所に点線を入れる。**さらにメリハリをつけるなら、目立たせたいタイトル、項目、重要な言葉に下線を引いたり、囲んだりして強調しよう。グレーのマーカーが見やすいのでオススメだ。

商品やサービスを図解する❷
「PayPayの決済方法」

URL ▶ https://egakou.com/02paypay

　　　PayPayでは、ユーザーは決済を以下の3つの方法から選択できます。

1. PayPay残高
2. クレジットカード
3. Yahoo!ポイント

　1のPayPay残高の場合、チャージは銀行口座からの引き落としのみなので、あらかじめ口座をアプリに登録しておく必要があります。他の2つは、事前にアカウントを連携させておくだけです。

※「よくわかる『PayPay』——これからの小売ビジネスを図解する（1）」
　https://d8r.ai/series/paypay/（参照 2020-08-13）を参考に問題文を作成

固有名詞が長い場合は省略していこう。「ユーザー」は人のアイコンで書いたほうが早い。意味が通じるならそれで十分だ。

> PayPayの決済方法
>
> 👤 3つから選択

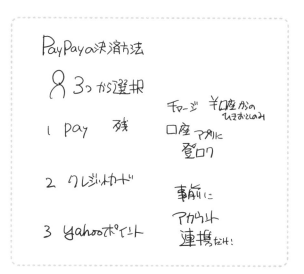

 2回目の PayPay は省略。余白を２文字分くらい空けて書いてい
く。「**方法は３つある**」と言っているので、**要素が並列に並ぶ
ことを意識**しながら書き進めよう。

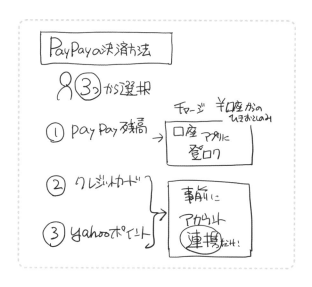

話が終わったところでわかりやすく囲んでまとめる。残高の決済方法やクレジットカード、Yahoo ポイントの決済について詳しく述べている箇所は、**ブロックとしてわかりやすく伝えたいので、大きめの四角で囲もう。**「3つ」「連携」など、重要と思われるワードは丸で囲む。

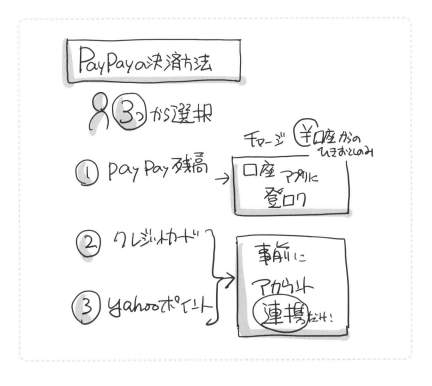

 最後の仕上げだ。マーカーを使ってメリハリをつけてみよう。3つの決済方法の丸数字にマーカーを引くだけでグッとわかりやすくなる。

商品やサービスを図解する ❸

「どこかな GPS」

問題文

URL ▶ https://egakou.com/03dokokana

　ソフトバンクから子どもの行動をスマホで見守ることができる「どこかな GPS」が発売されました。子どもの見守りや大切な物の位置検索ができる端末で、本体と2年間の通信料金をセットにして販売。最大3日分の移動ルートを保存してくれます。防水防じんやメールによる通知機能を備えています。バイクなどの盗難防止にも活躍します。

※「ソフトバンクが超高精度な「どこかな GPS」発売へ、子ども・高齢者の見守りやバイクなどの盗難防止も」
　https://buzzap.jp/news/20191219-softbank-dokokana-gps/（参照 2020-08-13）を参考に問題文を作成

まず、線を引いて2分割する。
書き始める位置を決定しよう。

どこかな GPS

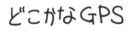

どこかなGPS

スマホ

子ども

← 見守る

どこかなGPS

位置

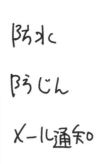

3日分の
移動

防水

防じん

メール通知

ex.
バイクの盗ナ
にも

本体 + 2年間

 キーワードを書き出す。「子ども」「スマホ」はアイコンで書いた
ほうが早い。「本体と2年間の通信料金をセット」の後は内容が
変わっているので、隣のブロックに移ろう。最大3日分の移動
ルート保存、防水、防じん、メール通知、バイクの盗難防止等は
メリットを述べているので縦に並べる。単語をすべて書くのは
難しいので、省略して書こう。

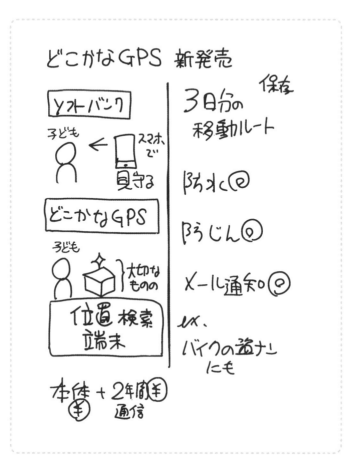

 省略していた文字や数字などを補足して、構造化に入る。エリア内のすべてを四角で囲むと何がポイントかわからなくなるので注意しよう。左の列の「ソフトバンク」、商品名「どこかなGPS」、「位置検索端末」を四角で囲もう。**右の列の「防水」以下は囲まず、並列の要素としてまとめると、他の要素と区別しやすくなる。**ここでは二重丸をつけて、メリットであることを強調している。

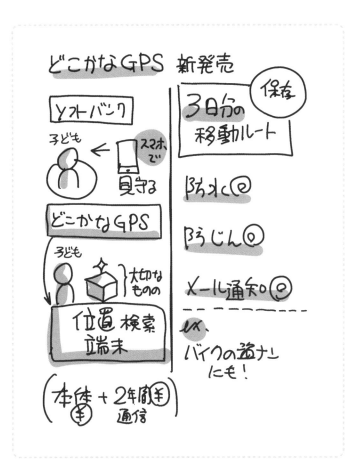

 さらにわかりやすくするために「どこかなGPS」という商品名と機能を矢印でつなげよう。また、「3日分の移動ルート」は囲んで強調し、他のベネフィットと差をつける。最後にマーカーで、強調したいキーワードや箇所にアンダーラインや囲みを加えよう。**人のアイコンにマーカーでシャドウをつけると文字情報との差が出て、視認性がグッとよくなる**ぞ。

7

日目の4

ビジネスモデルを図解する❶
「LINE クリエイターズマーケット」

 よし！ 次はビジネスモデルを図解するぞ。

 何だか難しそうです……。

 大丈夫！ やることは今までと同じだ！

問題文

URL ▶ https://egakou.com/04line

 クリエイターは制作したスタンプを LINE スト ア上で販売。ユーザーは販売されたスタンプを LINE ストア上で購入します。売上は、スタンプ 1セットにつき 50％ が LINE に、50％ がクリエ イターに 配分されます。サービス利用にあたっ ての、登録・申請は無料です。

※「1分で理解できる【LINE 3つの新サービス】簡潔まとめ＆ビジネスコネクトで出来ること。」
https://gaiax-socialmedialab.jp/post-23076/（参照 2020-08-13）を参考に問題文を作成

 まず、紙面を2分割しよう。それから キーワードを書きとめる。長い単語は末 尾を省略し、後から補足できるよう文字 数を意識して空間を空けよう。

LINE クリ　　　マーケ

クリ

　　　　　　　　　　　　　売上　　　　　50%
　　　　　　　　　　　　　　　　　　　　　　LINE
スタンプ　　　販売　　　スタンプ
　　　　　　　　　　　　1セット　　　　50%
　　LINE ストア　　　　　　　　　　　クリエイター

　　　　　　　　　　　　サービス　　無料
　　　　　　購入　　　　・登
　　　　　　　　　　　　・申
ユーザー

 言葉を補足していく。人のアイコンも忘れずに！

LINE クリエイターズ マーケット

クリエイター　　　　　　売上　　　　　50%
　　　　　　　　　　　　　　　　　　　　　LINE
スタンプ　　　販売　　　スタンプ
　　　　　　　　　　　　1セット　　　　50%
　　LINE ストア　　　　　　　　　　　クリエイター

　　　　　　　　　　　　サービス　　無料
　　　　　　購入　　　　・登録
　　　　　　　　　　　　・申請
ユーザー

囲みと矢印を使って、ポイントになるワードの強調や関係をわかりやすくしよう。**「クリエイター」と人アイコンを、円でひとつのブロックにすると属性がよりわかりやすくなる。**「ユーザー」も同様に囲み、クリエイターと対比しやすくする。「LINE ストア」は人と区別するため四角で囲む。次に、ユーザー、クリエイター、LINE ストアの関係を矢印で示す。販売、購入は円で囲み、矢印に点線でつなごう。

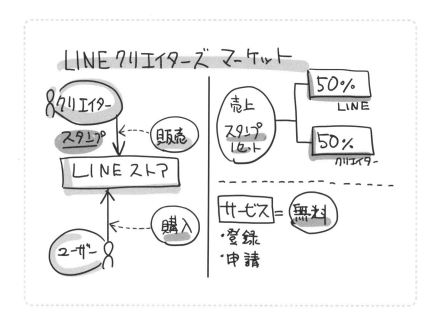

 売り上げの配分（それぞれの50％）は、同じ形で囲み、比較しやすくする。**「サービス利用にあたって……」以下は利用料の話になるので、点線で区切ってエリア分けをする。**最後の仕上げに、マーカーでメリハリをつける。重要なキーワードや、さらに強調して見せたい箇所に、アンダーラインや囲みを加えよう。

ビジネスモデルを図解する❷

「価格.com」

URL ▶ https://egakou.com/05kakaku

　価格.com の収益ポイントは、3つ。ショッピング業務とサービス業務、そして広告業務です。ショッピング業務からは掲載している店舗からクリック数や売り上げに応じた手数料を得ます。サービス業務からはブロードバンド回線の契約から発生する手数料や、保険、金融、中古車検索などの見積もりに応じた手数料などを得ます。広告業務としては価格.com を媒体とするバナーや広告を販売し、収益を得ます。

※「ビジネスモデル」https://corporate.kakaku.com/ir/individual/businessmodel（参照 2020-08-13）を参考に問題文を作成

今回はあえて分割せずに書いてみよう。まずはタイトルから書き始める。「収益ポイントは3つ」ということから、それぞれのブロックを意識して余白をとる。

価格.com のビジネスモデル
収益ポイント

ショッピング　　　サービス　　　広告

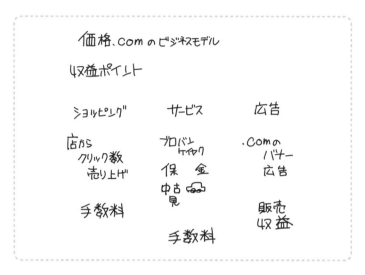

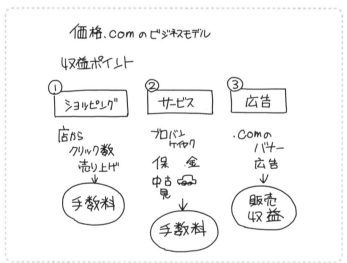

 ３つの項目をそれぞれ立たせる。わかりやすいように、**番号を入れるのもよい。**ブロードバンドをブロバンと略したり、中古車を車のアイコンで書くのもスピードアップに役立つ。

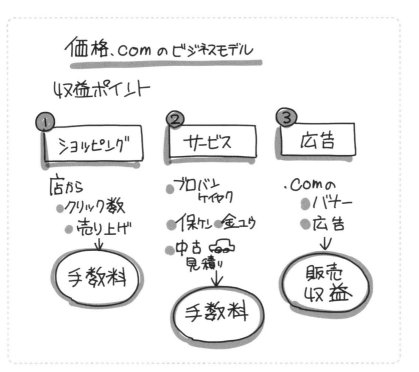

価格.com のビジネスモデル

収益ポイント

① ショッピング
店から
● クリック数
● 売り上げ
→ 手数料

② サービス
プロバンケイヤク
● 保ケン ● 金ユウ
● 中古 見積り
→ 手数料

③ 広告
.comの
● バナー
● 広告
→ 販売収益

キーワードの省略部分を補足するのも忘れずに。業務内容→収益の流れを矢印で示し、**「手数料」「販売収益」を丸で囲んで業務名と区別してわかりやすくしていこう。**仕上げとして、マーカーでメリハリをつけたり、業務内容の行頭に丸囲みの数字をつけたりして、各項目を立たせる。タイトルへのアンダーラインや、それぞれの囲みを強調するなどの加筆で、より伝わる図になる。

ビジネスモデルを図解する❸

「Uber」

URL ▶ https://egakou.com/06uber

　Uber のビジネスモデルは、プラットフォーム型と呼ばれるものです。ユーザーとドライバーを、スマホアプリ Uber が間に立ち仲介するサービスです。ユーザーは Uber に配車依頼をし、運賃に手数料をプラスして支払います。Uber はドライバーに配車手配をし、手数料を差し引いて運賃を渡します。ドライバーとユーザーは相互にマナーを評価します。このサービスのメリットとしては、ユーザーにとっては行き先を言わなくて良いので楽、オンライン決済で安心、待ち時間がなく到着までが早いこと、また、ドライバーにとっては、時間と車をムダなく有効に使えることです。

※「企業価値 5 兆円、Uber のビジネスモデルは何がスゴいのか？」
　https://www.sbbit.jp/article/cont1/29902（参照 2020-08-13）を参考に問題文を作成

　まずは 2 分割、タイトルを書こう。

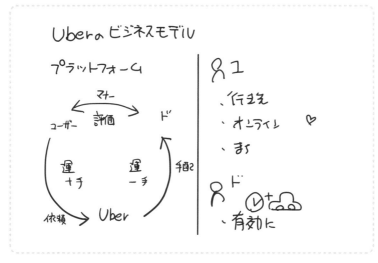

 余白をとりながらキーワードを拾っていく。「ドライバー」など、丁寧に書くと話が進んでしまうときは、例えば「ド」と書きとめ、後から補足する。

 車のアイコンがあれば、「ド」だけでもすぐ思い出せそうですね。

 そうだ！ 言葉をすべて書きとめると話に追いつけなくなる。**アイコンも活用しながら、キーワードを補うんだ！**

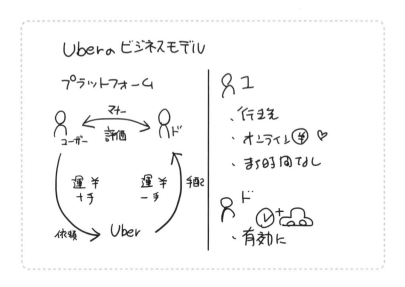

 「運賃」は¥を使って省略しよう。そして囲みを駆使してわかり
やすくする！

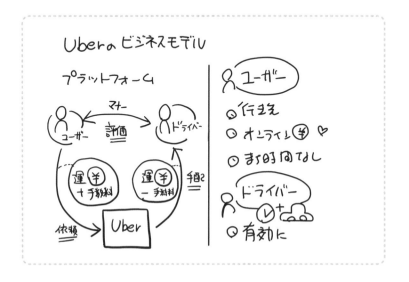

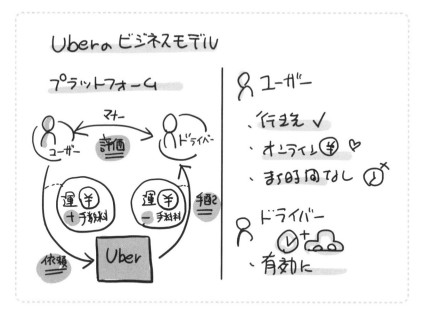

Uberの ビジネスモデル

プラットフォーム

👤 ユーザー

・行き先 ✓
・オンライン ¥ ♡
・まち時間なし ⏰✗

👤 ドライバー
⏰ + ☁
・有効に

 今回の構造化のポイントは、**ユーザーとドライバーを丸で、Uber は四角で囲み、属性を明確にした点**だ。また、「依頼」と「手配」の流れに運賃と手数料の情報を補足し、点線でつなげてわかりやすくしている。最後の仕上げとして、さらにメリハリをつけよう。囲みが多くなったときや、要素が多く読みとりにくいときは、**視認性をよくするために黒以外のマーカー（グレー）で役割を区別しよう。**ユーザー、ドライバー、Uber にそれぞれパターンを変えてグレーの加筆をしている。

7

日目の 7

ボリュームのあるトークを図解する

「ワークマン」

問題文

URL ▶ https://egakou.com/07workman

　ワークマンは社内でも、徹底的にムダをなくす努力を続けている。例えばサイズも "この商品なら売り上げ構成比は M が22%で L が35%で LL が22%で〜" と正確な予想システムがあり、生産数＝販売数になるよう調整している。さらに、商品の多くはプライベートブランドだから中間マージンが必要ない。（中略）ワークマンはそこまで合理化を進め、"高機能×低価格" という軸を極めようとしているのだ。

　そしてブレイクした理由2つ目は、書けば簡単そうに思えるが、新市場に打って出たことそのものがすごい。同社は労働人口の減少を受け、今後の市場規模縮小は避けられないと考えた。そこで2010年〜11年頃、試しに、女性向け商品をつくってみた。防水性・透湿性が高い軽量レインスーツのデザインを変えて女性向け商品を作り、2,900円で販売したのだ。すると、これが大ヒットした。その後、同社は自社製品を釣りや自転車などアウトドア市場にもぶつけていく。この過程が興味深い。例えばバイクに乗る人が "安くて暖かい" と防水防寒スーツを気に入り、SNS の動画で情報を拡散してくれた。するとワークマンは "バイク向けには股下や膝が立体裁断になっている方がいい" と商品に改良を加え

た。エゴサーチをしてニーズを掴み、涙ぐましいほど御用聞きに徹する──その結果、バイクや釣り用レインスーツのプライベートブランド「イージス」が誕生した。（中略）そして、これがアウトブレイクの直接的なきっかけになった。2018年、同社は新業態「ワークマンプラス」を東京・立川のららぽーとに出店。当初は「ワークマンに人を呼ぶための広告塔」という位置づけだったが、開店すると初日から大行列ができ、様々な商品が品薄になって困るほどの人気だった。これを受け、ワークマンは「ワークマンプラス」の出店を加速化、現在に至っている。

※ワークマン／快進撃のきっかけは『お試し』と『SNS』！―夏目幸明の「ヒット商品ぶらり旅」（第6回）
https://c.kodansha.net/news/detail/35863/（参照 2020-08-13）から一部を抜粋し、問題文を作成

 先生、こんなの長すぎます！　いったいどうすれば……。

 うろたえるな！　ボリュームのある内容を聞きながら書くときはまず分割だ。左上から書き始めよう。

 数字が出てきたら正確に書く。この段階ではまだ話の流れは見えないので、最初から大きく書きすぎないように。

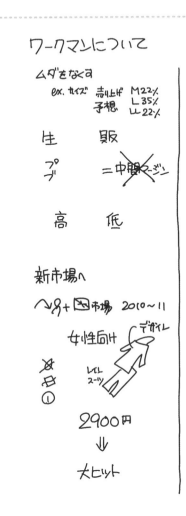

 聞きながら書くときは言葉をすべて書かなくてもいい。**頭文字を拾い、後から補足しよう。**「労働人口の現象〜市場規模縮小」「防水性・透湿性が高い軽量レインスーツ……」などは簡単なアイコンで押さえ、必要に応じて後から文字で補足する。

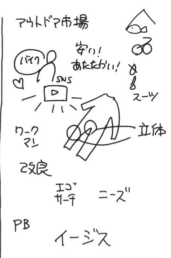

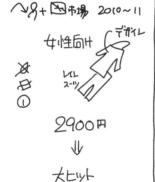

 釣り、自転車、防水防寒……。漢字を思い出していては手が止まる。自分が後から内容を思い出せそうな形や文字で最低限の情報を書いていこう。**話の切り替わりでは余白は大きめに。**後から分けやすくなる。

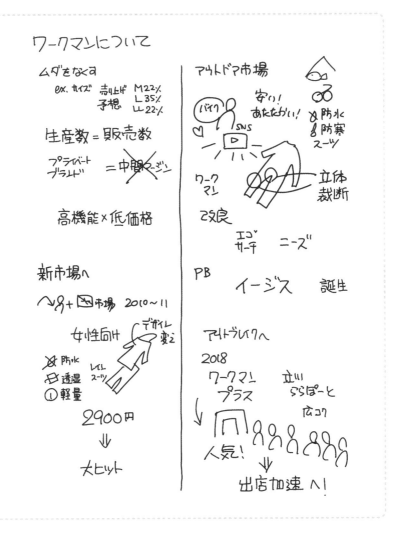

 聞き終わったら、高「機能」×低「価格」など、省略した漢字や文字を書き入れていこう。**字を間違えたときは二重線などで消して、近くに書き入れる。**「プライベートブランド」は2回出てきた言葉なので省略してもいい。

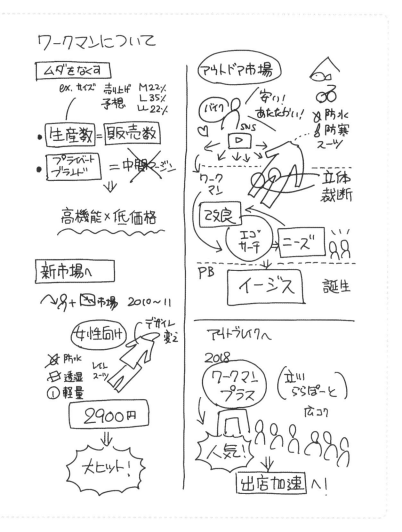

 文脈に沿ってキーワードを囲み、話の切り替わりに点線や実線で区分けを入れる。このとき、並列な関係（例えば「生産数」と「販売数」）を同じ形にしたり、強調したい「大ヒット」などの言葉を目立つ形で囲んだりして、変化をつけてわかりやすくしよう。

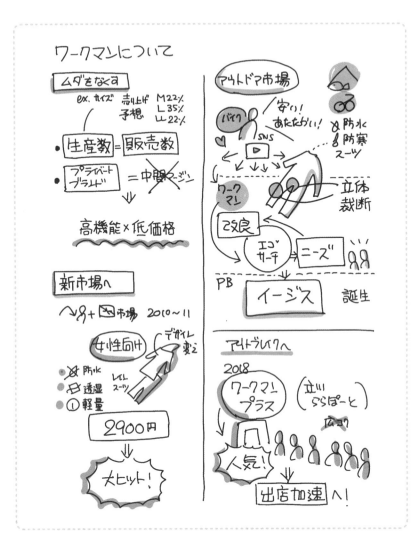

ワークマンについて

ムダをなくす

ex. サイズ 売り上げ M 22%
       予想   L 35%
            LL 22%

- 生産数 = 販売数
- プライベート
  ブランド = 中間マージン ✗

高機能 × 低価格

新市場へ

△8 + 図市場 2010~11

女性向け デザイン 変化
- 防水
- 透湿 レベルスーツ
- ① 軽量

2900円

↓

大ヒット！

アウトドア市場

安い！
あたたかい！ 防水
         防寒
バイク   スーツ
SNS

ワークマン

改良 ← 立体裁断

エゴサーチ → ニーズ

PB

イージス 誕生

アウトドアレイクへ

2018

ワークマン
プラス （立川
       ららぽーと）

↓

人気！

↓

出店加速 へ！

 最後にメリハリをつける。**囲みの強調や重要なポイントにアンダーライン**を入れてスピーディーに内容が把握できるようにしよう。

7 日目 の 8

図解の精度が上がる
「5つのテクニック」

 先生、やりました！

 よし、よくやったぞ！　最後に図解の精度を上げるためのテクニックを授けよう！

 1つ目は「**スペースが足りないときの対処法**」だ。

- ●ノートの場合は、話の内容が切り替わったときに余白が少ないと感じたら、すぐに次のページへ
- ●ホワイトボードの場合は、書いていてスペースが足りなくなったら、スマートフォンで記録して古いほうを消して書く
- ●模造紙などの場合は、スペースが足りなくなったら別の紙に書いてつなげる

 いずれにしても、詰めすぎに注意。情報を読みとりにくくなる。

 わかりました！　余裕をもって書くようにします！

 2つ目は「**日付を必ず入れる**」だ。

 日付ですか？　そんな重要じゃない気がしますけど。

7
日目

爆速で書け！ アウトプット地獄

喝！ 手書きには、検索ができないという弱点がある。いつの打ち合わせかがわかるだけでも「ああ、あのときの！」と詳細を思い出しやすい！

た、確かに。日付がないと、「これ、何の打ち合わせだったっけ？」ってなります。

3つ目は**「色は足しすぎない」**だ。ボリュームのある内容をわかりやすくしたいときに、色を多く使ってしまいがちだが、逆に目がチカチカしてしまうこともある。

わかります。色を使いすぎて、ポイントがわからなくなったことがあります。

重要な箇所を強調するなら、薄めの色を上から1色だけ加えてみよう。鮮やかな蛍光色よりも色調を抑えた色のほうが見やすい。オススメはグレーだ。

グレーですね！ ペンを買ってきます！

4つ目は**「文字の太さを意識」**。ノートに書くときは0.5mmの太さのペンがオススメだ。細かな文字も書きやすく視認性もいい。オンラインで共有するときは最低でも0.7mmの太さのペン。ホワイトボードに書くなら「どのくらいの距離から見られるのか」を考えよう。2mくらいなら中太で大丈夫だが、5mの距離なら、タイトルなどは極太のペンを使いたい。

自分の筆記用具を確認したら、0.5mmのペンしか入ってませんでした。買い足します！

5つ目は「文字の抑揚を抑える」だ。

 抑揚を抑える？ それってどういう意味ですか？

 文字を書くときに傾きをつけることがあるだろう？ 一番やりがちなのは「右上がり」だ。右上がりの文字は斜めから見ると読みにくくなる。横線は平行に水平に、文字の中の空間（ふところ）を広くとろう。

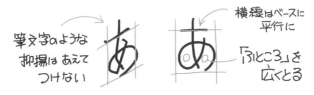

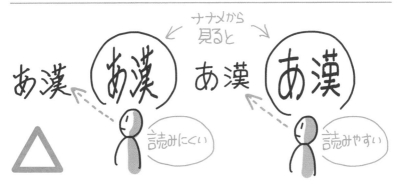

 こんなこと考えもしませんでした。ありがとうございます！

明日から
「その場で」書くために

 田中、これでほぼすべてのプログラムが終わった。なにか悩ましいことはあるか?

 ええと、例えばクライアントと打ち合わせするときにどう書き出せばいいか悩みます。

 なるほど。それにはコツがある。まずは「ちょっとメモしてもいいですか」とひと声かけよう。

 書かれるのを嫌がる方もいらっしゃいますよね。

 そうだな。あとは、その場の状況をよく判断すること。どんなときでも図解すればいいというものではない。全体の進行を滞らせたり、場を凍りつかせたりするのはよくない。

 調子に乗らないように気をつけます。

 あと、スモールステップとして、「自分用のメモを書く → 見せて共有 → そこに意見を書き込む → また見せて共有」などの始め方もひとつのやり方だ。

 それ、自然でいいですね。やってみます!

書くことが、ただのパフォーマンスに終わってはいけない。我々はその先にある、情報を共有する、齟齬をなくす、話し合いを記録する、アイデアを形にする、成果につなげるなどのゴールを見据えて図解をしていかねばならぬ。

 はい。その場で書くことの目的を共有する。心に刻みます！

 うむ、なんでも図解はこれからの我々の仕事を、より素早く、より面白くするための武器だ。書いて見せれば、イメージの違いがわかる。素早い伝達が可能になる。笑い飛ばされたアイデアが目を引くストーリーに変わる。この扉を出た瞬間から、もう、君は丸腰ではない。

 僕にできるでしょうか？

 自信を持て。100の言葉よりまず絵にしてみよう。空中戦を地上戦にしよう。何かを書けることは、何かを変えること。さあ、明日へ向かって、全力で「なんでも図解」だ！

 はい！ 取り急ぎ明日のオンライン会議で、ドヤ顔しながら会議の記録をとります！

 うむ！ 行ってよし！

えんま先生の最後のお節介

　いきなりメモやノートをとり出すと身構えられることもある。「ちょっと書いてもいいですか?」「少しメモさせてください」といった声がけをするといいだろう。

　書き始めると「完璧な議事録」を求められがちだ。しかし、機械で録画するようにはいかない。「今から書くことを議論や発言のベースにしてください」と、ひと言かけておくとよい。

　なんでも図解は、まず自分の頭の中を整理することから始めてみよう。慣れてきたら、1対1の打ち合わせ、1対nのミーティングなど、人数を広げていくといい。

　そして、どんどん人に見せよう。その反応から「理解しやすく書けているか」「不明点が多かった」などをチェックできる。「ここはどうなっているの?」といった質問は宝だ。次に活かそう。

　うまく書こうとするな。人は、仕上がりが美しい図を見ると鑑賞者になってしまう。「キレイな図」ではなく、「伝わる図」を常に意識せよ。

　書いた後はその内容を必ず振り返ろう。会議ならば、参加者の反応は? 時間配分は? その図解が課題解決に役立ったか? これらを考察し、次につなげよう。

以上

田中くんからのメール

えんま先生、今までありがとうございました。

みっちり叩き込まれた7日間、ぐるぐる丸を書いていたあの時間が、はるか昔のことのように感じられます（あのジャージは今でも愛用しています）。

図解に苦手意識しかなかった僕が、今は打ち合わせをしながら、その内容を図にしてみんなに見せています。それをベースにすると、ディスカッションがぐんぐん前に進みます。

録画・録音しているわけではないので、図解は完璧なものではありません。でも、意見が今まで以上に活発に交わされていることは確かです。

図にした議事録を社内イントラネットにアップしたところ、反響（SNSの「いいね！」みたいなもの）がすごいんです。1投稿に「70いいね」もつけばいいところが、なんと「900いいね」もついたんです！

「新規事業部、盛り上がっているな！」「私も会議に入りたい！」といったメールも届くようになりました。でもこれはまだ始まりの一歩にすぎないと思っています。

先日、事業部で出た小さいアイデアを、どんどん図解していきました。オンラインでのブレストで、参加者の距離感はけっこうあったのですが、図解をみんなで見ながら、アイデアをブラッシュアップ。短時間で精度も上がり、社内プレゼンテーションをするところまでこぎ着けました。

若手もベテランも、立場や役職も関係なくガンガン意見が言えたのは、「なんでも図解」のおかげだったと思います。

　最終日、先生はこんな言葉もおっしゃいましたね。

「今回授けたスキルは、あくまで穴を開けるドリルだ。ドリルを持って喜んでいてはいけない。それを使って、お前はどんな穴を開けたい？」と。

　本当のことをいうと、その言葉を聞いたときはピンときていませんでした。しかし、あのブレストの後、「ああ、こういうことなのか」と納得したのです。

　以前は部長に「先輩たちを越えたな」と言われたい、認められたいと思っていました。みんなの前でとにかくカッコよく図解してみたい気持ちもありました。

　が、今となってはどうでもいいことです。

　ぼくはこのドリルで、小さな風穴を開けてそこから新しい何かを創り出したい。チームで創ったそのアイデアが本当に実現するまでガシガシ書きながらプロジェクトを進めます。

　先生、どうぞ、いつまでもお元気で。まあ、言わなくても大丈夫だと思いますが。

オススメ筆記具

　自分が理解できるように書くのはもちろん「他の人に見せる」場面も多くなる。筆記具を使い分けて効果的に書いて伝えよう。

ノートや手元の紙に書く場合

オススメペン

エナージェル・エックス　ぺんてる

　濃くはっきりとした文字が書け、速記にも強く乾きも速い。ボール径は、細かな文字を書くときは0.3mm、万能は0.5mm。オンライン会議などで画面越しに見せるなら0.7mmがオススメ。

マイルドライナー　ゼブラ

　淡いインクで目に優しい。蛍光ペンという名前で市販されているが、従来の蛍光ペンに比べて色が優しく、マーキングに便利。裏移りもしにくい。1本で太・細両用なので、広い面積、細かい箇所の両方に使える。カラーバリエーションも豊富。

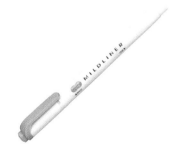

マーカーの使い方

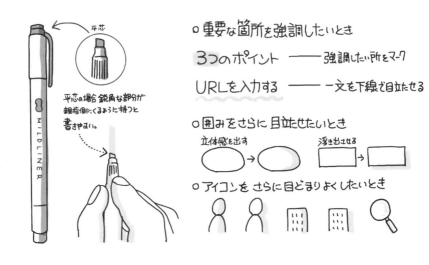

オススメノート

アイデア用ノート・付せんセット付・B5／ EDIT　マークス

　付箋もついた横型ノート。B5横型なら机が広く使え、オンライン会議でも書きやすい。方眼がドットになっていて、書くときに自由度も感じられる。方眼ノートは文字の大きさをマス目の大きさに合わせて大中小に書き分けやすいし、エリア分けもしやすい。

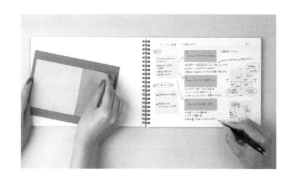

nu board JABARAN　欧文印刷

　ノート型ホワイトボード。蛇腹型のホワイトボードで、ページめくりなしで書け、全体が俯瞰しやすい。

大きな会議室やワークショップで人数が多く集まる場合

オススメペン

プロッキー〈細字丸芯＋太字角芯〉　三菱鉛筆

　模造紙などに書くなら太いものを。丸芯と角芯を兼ね備え、線の強弱がつけやすい。壁に貼った紙に書くのであれば裏移りしない水性ペンがオススメ。

ボードマスター 極太　パイロットコーポレーション

　ホワイトボードに書くのであれば、このペンがオススメ。詰め替えインクでエコ。特にオススメはこの極太。安定の先端で、広い会場で遠目にも視認性がよい。

模造紙、シート

マス目模造紙プル ホワイト　マルアイ

　模造紙も方眼タイプがオススメ。油性ペンのインクを吸いやすく早く定着する。

セーラーどこでもシート　セーラー万年筆

　壁に貼るだけでホワイトボードに変わる。机の上に広げてミーティングするときにも使える。

秒で書ける厳選アイコン200

ビジネスアイコン　IT関連

リンク

リンク切れ

インプット

アウトプット

ノートPC

縮小

拡大

検索

セキュリティ
（ネットワーク）

ツリー図

クラウド・同期

クラウド

ネットワーク

プリンタ

スマートフォン

人工知能（1）

人工知能（2）

マウス

動画

Wi-Fi・電波

サーバー　　　　ルーター

データ移行

データベース

サーバ・
ネットワーク

地点　　方位磁針　　地球・世界・国際　　地球　　自転車

工場　　店舗　　会社　　会社(支店)　　民家

学校　　銀行　　ホテル　　救急車　　配達

車　　トラック　　タクシー　　電車　　バス

電気自動車　　ヨット　　着陸　　離陸　　ロケット

ビジネスアイコン　時間

カレンダー

カレンダー・時刻

ストップウォッチ

アラーム

時刻

ビジネスアイコン　ツール

鉛筆・記録・メモ

ピンどめ

クリップ

カメラ

モニター・
ディスプレイ

メール

本

スマートウォッチ

ノート・メモ

ビジネスバッグ

ノート

VR

身分証・免許証

新聞

書類・フォルダ

スケール

拡声器

書類

鍵

計算機

ビジネスアイコン　イメージ

設定

フラッグ

入室

退室

チェックボックス

階段

灯台

セキュリティなし

電球・アイデア

会話

バランス・計測

望遠鏡

梯子

顔認証

タイムリミット

線グラフ

棒グラフ

視聴禁止

視聴

撮影禁止

ビジネスアイコン　カネ

紙幣

小銭の受け渡し

カード

硬貨

現金・お金

ビジネスアイコン　介護・医療

入浴

ペットボトル

介護

体温計

脳

薬

肺

トイレ

注射

心電図

聴診器

歯

メガネ

車椅子

カルテ

体温(上昇)

水・水分

救急・病院・医療

ベビーカー

掃除

点滴

マスク

哺乳瓶

ハサミ

禁煙

パン	麺類	飲み物	食パン	ビール
人参・野菜	魚・生鮮食品	食事	料理	学生帽
買い物カゴ	衣類	リゾート	冷蔵庫	ムービーカメラ
傘・保険	ソファ	ヘッドフォン	ゲーム	ギフト
休息	水	プレゼント	猫	犬

ビジネスアイコン　エコ・エネルギー

エコ・リサイクル

気温・温度計

森

木

ゴミ・リサイクル

自然・リサイクル

自然・育む

エコ

リサイクル

エネルギー・
リサイクル

鳥

手(包む)

地球を包む

自然を包む

エコと地球

太陽発電

風力発電

火力発電

ガソリン

コンセント

原子力

水道

充電スポット

バッテリー

炎上・炎

ビジネスアイコン　工業・電気

アンテナ・受信

人工衛星

スピードメーター

スピードメーター
（速度アップ）

メンテナンス

半導体

ドローン

電力

電波

メーター

電池

ロボット

危険

化学・研究

防犯カメラ

ビジネスアイコン　その他

モノ

的

値下げ

氷山の一角

アラーム

鼻

唇

耳

指さし

優勝

ビジネスアイコンの使い方のコツ

● 最低でも5回書けばさっと書けるようになる。

● 意味を広くとると使う場面が広がる。例えば「Tシャツ＝衣料」「唇＝話す、おしゃべり」という意味で使う。

● 単独で使うのはもちろんだが、組み合わせて書くとより意味が広がる。

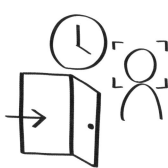

時間になったら入室は顔認証のみとなる

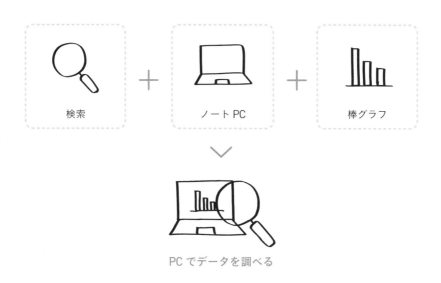

検索　＋　ノートPC　＋　棒グラフ

PC でデータを調べる

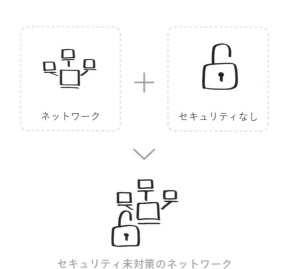

ネットワーク　＋　セキュリティなし

セキュリティ未対策のネットワーク

手（包む）　＋　猫　＞　動物愛護

リサイクル　＋　衣類　＞　衣料品のリサイクル

気温・温度計　＋　地球　＞　地球温暖化

忘れられないひと言

　最後までお読みいただき、ありがとうございました。

　この本を通して、「図解は難しくない」「話しただけではわかり合えないときでも、その場で書けば伝わる」と感じてもらえれば本望です。

　講座を始めて日が浅いころに言われた、ある言葉がずっと忘れられません。外資系企業に勤める若いビジネスパーソン。彼は講座が終わった後、こう言いました。

　「今日はとても楽しく、開放感を覚えました。でも僕の会社では、今日習ったことを使えるとは思えないんですよね……」

　話を聞くと、ロジカルな上司が多く、目の前で絵を描ける雰囲気ではないとのこと。

　まだ経験も浅く、的確なアドバイスができなかった私は、講座会場を去る彼の後ろ姿をただ見送るだけでした。

　当時の私は、参加された方の笑顔や楽しかったというアンケートに満足し、講座の内容に迷いはありませんでした。そんなときでしたから、彼のその言葉はずっしりと私の胸に響きました。

　灰色のオフィス家具と腕組みをする上司たちに囲まれた場で、図や絵で伝えるのはどれだけ勇気が要ることでしょう。

その言葉がきっかけでした。

　説明するとき、意見を戦わせるときに、上司、スタッフ、クライアントの前で躊躇なくペンをとって書くにはどうしたらいいのか？　みなさんの仕事につながるスキルをどう再現性のある形で伝えるか？

　感覚的・感情的な表現で伝えがちな講座の内容を見直し、徹底的にブラッシュアップしました。

　時代の流れもあるのでしょう。
　今ではある外資系の企業から「経営会議の内容をリアルタイムでビジュアル化してほしい」というオファーが来るようになりました。図解の力が広く認知されてきたのを実感します。

　講座に参加された方から、職場で活用された事例や具体的なアクションのご報告をたくさんいただきます。

　その度に、あのとき彼の背中を押したかったという気持ちがわき上がります。後悔を「前に進む力」に変えて、より多くの人に再現性のあるスキルを届けたいという気持ちが、本書の執筆につながっています。

　この本は、私を叱咤し励ましてくださるみなさんのおかげで書き上げることができました。

　まず、ダイヤモンド社の中村明博さん。無名の私の企画をとり上げてくださり、コロナ禍の中、根気強く原稿に向き合い内容を磨き上げてくださいました。心から感謝します。

　そして、今まで在籍した会社で一緒に笑って泣いた同僚、友人。今、

自由な働き方を後押ししてくださっている株式会社 TAM のみなさん。
「えがこう！」という活動で出会い、応援してくださっている仲間。学
びの時間を共に築いてきた参加者のみなさん。学生時代を共に過ごした
昭和生まれの良友・悪友たち。これからも一緒に走りましょう。

　また、緊張感あるビジネスの現場で私を信じ、そして追い込んでくだ
さるクライアントの方々。たくさんの有益なアドバイスを与えてくれる
先輩。率直な意見と励ましの言葉は何にも代えがたいものです。感謝い
たします。

　そして、いつもがむしゃらに走ってしまう私を支えてくれる家族へ。
心から、ありがとう。

　最後に、この本を手にとってくださったあなたに。

　書いて伝える『なんでも図解』。この本が、あなたの仕事の可能性を
広げる一助になれば幸いです。

2020年9月

えがこう！人生は最高だ！
日高由美子

日高由美子 (ひだか・ゆみこ)

株式会社 TAM アートディレクター
「えがこう！」代表

東京学芸大学美術科卒業後、日本デザインセンターイラストカンプ部に就職。その後コーセー化粧品宣伝部、ワーナーミュージック・ジャパン編成デザイン部でグラフィックデザインに従事する。1995年より株式会社 TAM にてアートディレクターとして勤務。並行して、大阪コミュニケーションアート専門学校非常勤講師としてエディトリアルデザインの講義を行った。
絵を描くのが苦手な若手スタッフに「描いて伝える」トレーニングを始め、2015年ごろより社外でもセミナーを開催。「地獄のお絵描き道場」をはじめ、セミナーの総受講者は4000人を超える。
グラフィックデザインを通じてのビジュアル構築やグラフィックファシリテーションを得意分野とし、2018年より早稲田大学リカレント教育・WASEDA NEO 講師を務める。家電メーカーや外資系ヘルスケア企業・大手銀行シンクタンク・外資系コンサルティング会社など多くの企業で可視化トレーニングを行い、講演先は経済産業省、日本経済新聞社、立命館大学、ヤフーなどバリエーションに富む。

なんでも図解
──絵心ゼロでもできる！　爆速アウトプット術

2020年 9 月 8 日　　第 1 刷発行
2024年 9 月30日　　第 6 刷発行

著　者──日高由美子
発行所──ダイヤモンド社
　　　　　〒150-8409　東京都渋谷区神宮前 6-12-17
　　　　　https://www.diamond.co.jp/
　　　　　電話／03·5778·7233（編集）　03·5778·7240（販売）

装丁───辻中浩一（ウフ）
本文デザイン·DTP─岸 和泉
校正───鷗来堂、加藤義廣（小柳商店）
製作進行──ダイヤモンド・グラフィック社
印刷───勇進印刷
製本───ブックアート
編集担当──中村明博

本書の感想募集　http://diamond.jp/list/books/review

本書をお読みになった感想を上記サイトまでお寄せ下さい。
お書きいただいた方には抽選でダイヤモンド社のベストセラー書籍をプレゼント致します。